JN221237

モンテッソーリ
インクルージョンへの道

実践のための
実践による考察

ローレ・アンデリック

訳

春見 静子

佐々木 信一郎

勝間田 万喜

〝愛する子どもたち

あなたたちにはすべてが可能です

だから、私と一緒に人類のうちに

また世界に平和を築くのを手伝ってください〟

マリア・モンテッソーリ

マリア・モンテッソーリ博士は1952年5月6日死去した
彼女の墓碑銘はわれわれに対する委託である

ロギカ書房

Unser Buch-Shop im Internet
www.verlag-modernes-lernen.de

© 2011 by SolArgent Media AG, Division of BORGMANN HOLDING AG, Basel

Veröffentlicht in der Edition:
verlag modernes lernen Borgmann GmbH & Co. KG
Schleefstraße 14 • D-44287 Dortmund

Gesamtherstellung: Löer Druck GmbH, Dortmund

2., durchges. Aufl. 2015

Bestell-Nr. 1243   ISBN 978-3-8080-0751-8

私はこの著書を、普通の生活に加われない子ども達の状況を改善するための献身を惜しまなかったテオドール・ヘルブリュッゲ教授に、こころからの感謝をこめて献呈します。

重複して種類の異なる障がいとその権利のはく奪は、ある政治的権力によってもたらされた間違った考えと、親と子どもとの親密な関係を築くことを不可能にするような状況から起こりました。

遺伝的要因や事故やその他の不幸な出来事がもたらす結果や、現実の、または推定される貧困の結果が、われわれと、ヘルブリュッゲ教授の協力者たちが最初はアクチオン・ゾンネンシャインの活動において、その後はミュンヘン小児センターにおいて取り組んできたテーマでありました。

何よりも私が個人的にヘルブリュッゲ教授に感謝申上げたいことは、私がミュンヘン小児センターで勤務している間に、とくに重複して、種類の異なる最重度の障がいのある子どもとその家族とかかわる経験を持つ機会を与えられたこと、またそこでの経験と知識を国際的に確かめ、同僚と意見を交換し、発展させ、学会等で発表する機会をもつことができたことであります。

私はこの書物を真の意味での実践の書にするために力を貸して下さったすべての方々に感謝します。

学問的なアドバイスをしてくれた人に

記述されているすべての事柄を、確かめてくれた同僚や協力者たちに

いつも自分たちの視点で判断し、原稿を読んでくれた両親と子ども達に

多くの理解を示してくれた私の家族に

特にその人生によって私が深い感銘を受けた、ドロテーさんのご家族に

推薦のことば

前之園　幸一郎

（日本モンテッソーリ協会（学会）会長
青山学院女子短期大学名誉教授）

　この度、障害児のインクルーシブ教育についての注目すべき図書が出版された。ローレ・アンデリック著『モンテッソーリ　インクルージョンへの道　実践のための実践による考察』である。著者はミュンヘン小児センターのモンテッソーリ個人セラピー部門の主任であり、同時にモンテッソーリ教育コースのスタッフとして教鞭もとっている。2018年8月には来日して「インクルーシブ教育とモンテッソーリ教育」を大会テーマに掲げる第51回日本モンテッソーリ学会郡山全国大会において特別講演「インクルーシブ教育におけるモンテッソーリ教育の適用と効果」を行った。セラピストとしての長年にわたる豊かな経験と障害児の人間としての自立への援助のひたむきな情熱が本書の根底をなしいている。

　本書は近年多く語られるようになったインクルージョン概念の意味について「障害のない子」と「障害のある子」の二元論に立つインテグレーションとの違いについて論じながら、様々に異なる障害のタイプの子どもたちの具体的な事例を通して障害児が自己決定の主体として自立へと向かう模索の道と社会における豊かな共生の在り方の可能性を提示している。また直面する避けがたい基本的な課題についての具体的な問題提起とともに未来への明るい展望が語られている。

　インクルーシブ教育の思想は19世紀末のイタリアの女医マリア・モンテッソーリによって生まれた。ローマ大学医学部を卒業したモンテッソーリは大学附属精神科病院の助手として勤務していた。彼女の主要な任務の1つはローマ市内の精神病院を巡って医学部の講義で研究対象として取り上げる障害児を探し出すことであった。当時の精神病院には大人の患者と一緒に知的障害児も収容されていた。軽度の遅進児を含むさまざまな程度の知的障害の子どもたちは精神病患者として精神病院に収容され、しかも鍵をかけた一室に集団で閉じ込

めIられていたのIである。この悲惨な現実を知ったモンテッソーリはこの子どもたちは医学の治療の対象などではない。むしろ教育の対象とされるべきだと主張した。彼女は自ら多くの教具を考案しながら知的障害児の教育のための試みを始めた。それがローマ市内の貧民街サン・ロレンツォ地区の「子どもの家」の開設につながり、モンテッソーリ教育が誕生する。

　モンテッソーリは、人間は生きものであり自然の一部に属しているという考えをその根本思想としている。彼女によると新生児の内部にはすでに自然によって与えられている個性的な人間になるためのプログラムが存在する。人間はそれぞれその内部の「目に見えない先生」の導きによって成長発達のプロセスを自ら歩み、内部的エネルギーによってそれぞれに個性的な人格を形成する「人間建設」に向かっている。人間はすべて多様で個性的な存在である。その個性的存在が自己を実現するための援助を行うのが教師の役割だとされる。「観察しながら、待ちなさい」が教師の基本姿勢であるとモンテッソーリは述べている。先回りの指導は厳しく退けられ、辛抱づよい観察によって子どもが自己実現のための手助けを必要としている瞬間を見極め、それとなく援助せよとの教えである。「子どもの魂の中でうとうと眠っているこれから個性的な人格となる人間に優しく呼びかける」援助者になりなさいとモンテッソーリは助言を与えている。

　本書は、子どもたちがそれぞれに異なる多様性の豊かさのなかで調和と一致を見いだし得る社会の確立のための視座を提示する示唆に富む貴重な文献だと思われる。

訳者まえがき

2014年、日本は障害者の権利に関する条約（Convention on the Rights of Persons with Disabilities）を批准した。この条約の根底にあるのは、障害児者の権利と尊厳である。

そのため、今後の日本の教育、保育の世界では、インクルーシブ教育に取り組むことが待ったなしの最重要課題となった。

今までのインテグレーション（統合保育）は、定型発達児集団の中に障害児を入れて、集団保育をすることだった。しかし、インクルーシブ教育は、「障害のない子ども」「障害のある子ども」という二元論的な思考から出発するものではない。ここでは、個人差のある「すべての子ども」が一元論的に前提されている。つまり、1人ひとり異なるすべての子どもの教育ニーズに応えることである。

そのためには、個別的な配慮（分離教育）が必要になる場合もあるということである。さらに、心理的ケア児、貧困児、虐待児、不登園児、ギフテッドなど多様な教育ニーズに応えていくということでもある。

モンテッソーリ教育は、20世紀初頭、イタリア、ローマの子どもの家における世界最初の教育実践である。これは、子どもを、机に座らせ、一斉に指導すると言う伝統的な画一教育に対するアンチテーゼであった。子どもたちの個人差である興味・関心、発達、活動のテンポ、学習の進度などが、第一に尊重されていた。この子どもの家には、障害児の存在もあったが、教育ニーズへの個別的な対応によりそれぞれが豊かに育っていくことができた。ここに、インクルーシブ教育の原点があるように思う。

私たちは、予てより日本において、インクルーシブ教育に取り組むためには、このモンテッソーリ教育から多くの手がかりを得ることが可能ではないかと考えていた。

そのような折、第51回日本モンテッソーリ教育（学会）全国大会（2018年）が「インクルーシブ教育とモンテッソーリ教育」というテーマで開催されるこ

とになった。その特別講演者の調整のために、渡独した。

その際、ドイツの真ん中、へその位置にある都市エアフルトのモンテッソーリ学校、ミュンヘン小児センターのモンテッソーリ幼稚園などを視察する機会を得た。

そのモンテッソーリ学校は、1年生から4年生までの縦割りでクラス編成されており、中には、障害をもった子どもたちもごく自然に溶け込み学んでいた。もちろん、モンテッソーリ教育であるから、一斉授業ではない。それぞれが自己選択した学習に取り組んでいた。自分が知りたいこと、分からないことがあると、何度も先生に、教具の提示を求め、試験管ビーズの割り算（二桁、三桁の割り算）やチェッカーボード（大きい数のかけ算）に集中している姿を見ることができた。その他にも、地理に取り組んでいる子、理科に取り組んでいる子どもなどさまざまだった。そして、障害をもっている子どもも、紙やすりをアルファベットの形に切り抜き、板に貼り付けた砂文字板を一生懸命になぞり、学習をしていたのである。

ドイツの学制は、日本とは異なっている。ドイツでは、早い段階で職業教育と高等教育に分けられる。子どもたちは、6歳になるとグルントシューレ（小学校）に入学する。そして、4年生の時に、試験を受けて、合格したものは、ギムナジウム（Gymnasium）という高等教育機関に入学し、将来、アビトゥーアと言う卒業試験に合格すると大学入学が許可される。高等教育を望まない子ども、あるいは試験に落ちた子どもは、職業訓練のための基幹学校（Hauptschule）、あるいは、職業訓練と高等教育の準備をも行う実科学校（Realschule）へ入学する。これらは、それぞれ、日本の小学校高学年から中学校に相当する。これらの学校は、伝統的な学校システムで運用されている。つまり、一斉に授業を行う。

その他の選択肢として、モンテッソーリ教育校やシュタイナー教育校、オールタナティブスクールなどがある。

ここで皆さんのなかには、多くの疑問が湧き起こってくると思う。モンテッソーリ教育校では、自分のやりたいものを子どもが自己選択し、それに対し、

教師は個別教育を行っていく。それでは、どの程度の子どもが試験に合格してギムナジウムに進学するのだろうか。一斉詰め込みの画一教育を行わないと、学習効率が落ちるのではないか。州で決められたカリキュラムを達成することができないのではないか。そのため、ギムナジウムに入学できる人はほとんどいないのではないか。これらについて、エアフルトのモンテッソーリ教育校の先生に聞いてみた。すると、毎年約60％の子どもがギムナジウムに入学すると言うのだ。これは、とても高い数字である。

　つまり、モンテッソーリ教育では、個人差のあるさまざまな子どもたちが同じクラスで学んでいるが、それぞれに持っている認知能力を最大限に伸ばしていくことができるということである。そして、同時に、考える力、意欲、自己効力感など人が生きていくときに必要不可欠な非認知能力も育てることができるのである。私たちは、ドイツ視察へ行く前に予想していたモンテッソーリ教育のインクルーシブ教育への可能性を垣間見たように思った。

　帰国後、学会の特別講師をこの本の著者フラウ.アンデリック（フラウとは、英語の Mrs. に当たるドイツ女性の敬称）に依頼することになった。

　フラウ.アンデリックは、ミュンヘン小児センターで、長年にわたり障害児のモンテッソーリ個別セラピーを担当し、多くの子どもたちの可能性を広げてきた人である。

　このミュンヘン小児センターは、Dr. ヘルブリュッゲ（ミュンヘン大学教授）が創設したアクチオン・ゾンネンシャイン（Aktion Sonnenschein・日本の社会福祉法人に類似）傘下の施設である。

　このセンターは、病院、幼稚園、学校を有する総合施設である。そして、幼稚園、学校は、モンテッソーリ教育で運営されているのである。

　Dr. ヘルブリュッゲが、ここにモンテッソーリ教育を導入したのは、あるモンテッソーリ幼稚園でのダウン症の子どもとの出会いからだった。ダウン症の子どもが、定型発達の子どもたちに混じって、ごく普通に大きなピッチャーの水を5つの小さいコップに注いでいる様子を観察したことに始まる。

　その子は、他の定型発達の子どものなかで、その仕事に注意深く集中してい

た。そこでは、定型発達の子どもと発達に遅れをもっている子どもが無理なく、共に学んでいた。

　彼は、このモンテッソーリ教育にインテグレーション（統合教育）の可能性を見いだし、アクチオン・ゾンネンシャイン傘下の幼稚園、学校に取り入れたのである

　しかし、ドイツ国内には、その施設に通いたくとも通えない多くの子どもたちがいた。定員から溢れてしまった子どもたち、バイエルン州の郡部に住んでいるために通うことができない子どもたちだ。その子どもたちのために、Dr.ヘルブリュッゲが考えたことは、親への支援だった。その部門がフラウ.アンデリック率いるモンテッソーリ個人セラピー部門である。親子は、月に何度かセラピーを受け、親が子育てを学ぶために遠路に時間をかける。

　フラウ.アンデリックは、発達に遅れをもつ子どもたちの親の支援に自分の生涯をかけてきた人である。小児センター退職後は、自分の自宅を開放して、親たちの支援を今も行っている。

　また、当時より、インテグレーションに取り組み、モンテッソーリ個別セラピー、小集団セラピー、そして、大集団の幼稚園へとステップ化し、子どもが無理なくインテグレートできる方法の確立に取り組んできた人でもある。

　このフラウ.アンデリックの本の中には、障害をもつ子どもと、その親たちへの支援のノウハウが詰まっている。と同時に、インテグレーションやインクルージョンについて私たちに多くのことを考えさせる。

　時代は、子どもや障害児者の権利を守るという方向に向かう歩みを速めてきた。1989年に子どもの権利条約が国連で採択され、ドイツは、1992年に、日本は遅れること2年後の1994年に批准した。障害者権利条約は、2006年採択、日本とドイツはそれぞれ、2009年、2014年に批准した。

　これにより、教育では、インクルーシブ教育が求められることになった。歴史的に見ると、インテグレーション（統合保育が）があり、その後に、それをさらに深めた形のインクルーシブ教育に移行してきた。

　このような状況の中で、私たちは、日本に合ったインクルーシブ教育を実践していかなければならない。その時に、法律、制度、考え方は異なることが

あっても、他国の実践に耳を傾けることはとても有意義なことであると思う。この本を手にとって、これからの日本の教育、ひいては日本のインクルーシブ教育について考えていただけるよう心より願っている。

　最後に、この本を読んでいただくために、考慮して置いていただきたいこと。

○金銭教育について

　本書の後半部分は、お金についての提示になっている。

　子どもたちにとっては、たとえ障害をもっていても将来自立した生活ができるようになることが目標である。そのためには、自分にとって必要なもの、自分の洋服などを自分で選択し、買えるようになることが重要である。

　フラウ.アンデリックは、この金銭教育を行うために、モンテッソーリ教育の原則に従い、そして障害特性を考慮して、さまざまな教材を考案している。とても楽しそうな教材がたくさん準備されている。このことについては、訳者あとがきも参考にしてほしい。

　最初の活動は、モンテッソーリ教育の日常生活の練習の用具や感覚教育、算数教育、言語教育の教具を金銭教育のために発展させた活動になっている。

　日本のある読者は、これを見たときに、教具をこんな風にアレンジして使って良いのかと言う疑問が起こるかもしれない。それは、日本のモンテッソーリ教育の教具や提示に対する考え方が、形式主義的であり、形にとらわれすぎている傾向があるからだと思う。そもそも教具は、モンテッソーリ教育の原則、教具の本質をきちっと押さえれば、使い方、提供の仕方には無限の可能性があるのだと思う。そうでなければ、個人差のある子どもたちに合わせて使用することはできないことになるからである。

　また、教具の提示には、発達段階を考慮して、簡単なものから難しいものへのステップがあってしかるべきだろう。これは、障害児だけの問題でなく、定型発達の子どもたちにとっても重要な問題だと思われる。なぜなら、これからはインクルーシブ教育を目指していくのだから、1人ひとりみんな

異なる、つまり、個人差のある子どもたち1人ひとりに合った対応を考えて行かなければならないのである。

〇ドイツの制度と日本の制度との相違

　ドイツの学制のところでも書いた通り、日本とドイツでは、医療、福祉、教育における制度が異なる。そのため、本書の内容には、分かりにくい箇所があるかもしれない。それについては、他の書籍やインターネット等で調べていただくようお願いしたい。

〇この本の中の「訓練」と「練習」という言葉について

　原著では、大部分がUebungというドイツ語、たまにTrainingという英語が使われている。Uebungを独和大辞典で調べると、「訓練、練習」と訳されている。

　モンテッソーリ教育は、「自由の中で、自ら活動を選択し、自己学習すること」を原則とするものであるのに対して、「訓練」の語には「強制的に押し付けて教授する」というニュアンスが感じられために抵抗を感じる人もいるのではないかと思う。

　そのために、本書では、Uebungはできるだけ「練習」の語に訳すように心がけたが、場合のよって、訓練の語の方が適切と思われる場合には訓練の語を用いている。

訳者一同

目次

推薦のことば

訳者まえがき

序言　ヘルマン・グリュッサー ･･････････････････････････････････ 1

インクルージョンの概念 ･･ 2

序文 ･･ 5

インクルージョンとはどういうものか？ ･･････････････････････ 8

共生の形態は学校システムにどのような影響を及ぼすか ･･････････ 12

インテグレーションとインクルージョンの比較 ･･････････････････ 20

すべての人を豊かにするインクルージョンの条件 ････････････････ 25

インクルージョンを成功させるための条件とは？ ････････････････ 46

学校同伴　　仕事か、職業か、使命か？ ････････････････････････ 54

マリア・モンテッソーリはわれわれに何を語っているか ････････ 66

これからの見通し ･･ 81

彼らはその後もインクルージョンを体験し続けるか ･･･････････････ 81

お金　あなたの価値は何ですか ････････････････････････････････ 83

日常生活の練習 ･･ 93

お金を入れる ･･･ 96

硬貨の分類 ･･･ 98

硬貨を磨く ･･･ 101

硬貨の名称についての3段階レッスン ･･･････････････････････ 104

硬貨の分類 ･･･ 107

重量箱 ･･･ 113

天秤はかりを使う ･･ 116

100マスボード ･･･ 119

ビーズ（モンテッソーリ教材）にお金を対比させる ･･･････････ 122

洗濯バサミとカード ･･･････････････････････････････････････ 125

セントゲーム	127
硬貨の価値の比較	130
硬貨と紙幣の名前	133
買い物　何がほしいか	136
なぞなぞ	138
3つはどれも同じ	140
ルーテンベックの計算ボード	142
ルーテンベックの計算枠	145
家計簿	148
遊び	151
また来るよ	153
どっちも欲しい！	157
お金が道に落ちている	160
誰が一番にユーロに到達するか	164
ドミノ	167
コインのメモリー	171
マネーのメモリー	173
借金を払う	176
キム遊び	178
ビンゴ	180
たくさん持っている人は誰？	182
シュニップとシュナップ	185
ペーター抜きゲーム	188
そこで何が起こったか	191
振り返らないで	193
幸せ遊び	195
余暇の過ごし方	198
コインの収集	198
紙幣の正確な調査	201

ユーロの地図 …………………………………………………………202

私のユーロはどこで使うことができるのか ……………………204

まとめ ……………………………………………………………206

参考文献 …………………………………………………………209

付録 ………………………………………………………………211

訳者あとがき

序言

　自己決定ができる生活こそがプッフハイム地区の障害者諮問委員会の中心的なテーマであり、関心事です。自由が与えられるということは、当事者である彼らが自覚して自分で決定することを意味します。それには当然危険が伴うこともあるに違いありません。自由に決定するということは学ばれるべきであり、体験されるべきことです。それは生涯にわたって続くものです。

　当事者を取り巻く社会環境にとって必要なことは、「彼らを自由にさせて」しかし同時にそばで見守るという適切なポジションをもっていることです。

　自己決定を目指したこうした保護や指導のプロセスがどれだけ早期に始められるかが、当事者だけではなく、その家族やサポートをする人々にとっても決定的なものとなります。

　他者の決定に依存する存在は、できるだけ避けるべきとされている入所施設への道をたどらせます。

　「入所施設でなく在宅を」という政府のスローガンはこの要請によく合致するものです。

　本書は、子どもの分野において可能なさまざまなモデルを実践に基づいて記述し、さらに実施可能な実例を示しています。

　私は、実践を目指した率直なこの著作が、社会における議論に一石を投じることを確信しています。

ヘルマン・グリュッサー

プッフハイム　障害者諮問委員会

インクルージョンの概念 – 近年、多く語られるようになっているこの概念は、実践ではどのように生かされているか

　私たちの息子ヨナス9歳は、トリソミー21（染色体障害）の障害があるが、地域の小学校の3年に在学している。就学年齢になった時に、息子にとってのあらゆる可能性を検討した。あの時も今も地域の学校に入学させることがすべての選択肢のなかでベストなものと信じていた。

　ヨナス自身は喜んで通学している。同学年の生徒の多くが幼稚園時代からの知り合いなので、人間関係の不安はなかった。入学したことは息子の発達にとって確かに助けとなっている。読み書き計算などはそれなりにできるようになったし、目下は九九を喜んで覚えている。

　これまでのところヨナスは学習指導要領のすべての課題について他の子どもたちの活動に参加して目標達成表も記入できているし、私の手伝いもあるが、同じ宿題をやっている。

　この小学校が最初からわれわれの息子を受け入れるという意思を示してくれたことがわれわれの気持ちを軽くした。国が規定している学校と並行して行われる支援に関しては管轄する役所は両親に任せると言ってくれた。

　われわれのインクルージョンを成功させた最も重要な条件は、息子がすでに述べたように幼稚園の同級生と一緒に就学することができたことと、親の関心について学校側が配慮してくれたことである。とくに嬉しかったことは、入学に際して5人の親が、ヨナスが自分の子どもと同じクラスになってもいいと申し出てくれたことである。この時から小さな友情関係が芽生え、ヨナスは彼らの誕生日によく招待されるようになっている。

　ヨナスを喜んでクラスに受け入れてくれた担任の女教師にも恵まれた。彼女は彼をよく理解してくれた。小学校は最初、教師が特別支援学校の教師でないという理由で少し心配していたが、それは全くの杞憂であった。トリソミー21の子どもは一体何を学ぶことができるか。子どもにとって負担が大きすぎない

か。彼は「障害による利得」というようなものを受けることはないか。などである。しかし、この点について、私は最初から息子が「学校の外でさらに促進されるために」、授業からは最小限度を学ぶということが非常に大事なことであると考えている。

しかしながら、これらすべてについて疑問や問題が次々と起こってきた。それらについてはその都度アンデリックさんに相談しながら、ヨナスにとって最善なことは何かを考えて解決を見出してきた。

残念ながら促進機関である MSD からは十分な支援は得られなかった。3年生になり、担任は男子の教師になった。

母親である私にとって大切なことは、子どもの知的発達と促進である。それゆえわが子には他の子どもたちと同じことを学んでもらいたい。その際にアンデリックさんはわれわれを次の言葉で大いに勇気づけてくれた。「欠陥があることについて勇気をもちなさい」、それは、息子は小学校の指導要領に述べられていることをすべてクリアしなくてもよい。しかし彼が教材から学ぶことは、彼の将来の生活にとって重要なものであるということを意味している。

親の立場からインクルージョンにとっての重要な観点は、当然ながらヨナスが協力的な雰囲気でクラスの仲間に受け入れられ、その関係が特別なものにならないということである。確かに、それは日常的に要求されるべきことであり、教師や、学校と平行して行われる支援や、もちろん家庭の課題でもある。それがうまくいくのは、息子が「よいお手本」から学習することができる場合に限られると私は思っている。

ヨナスにとって、またわれわれ親にとっても非常に重要なことは、彼の活動や彼の人格を、ほめたり、気づいたことを表現したり、点数で表したりというやり方で評価することである。

ヨナスのこれまでの学校におけるインクルージョンの結論は、担任が2学年の年間成績表の中で、賛辞とともに次のことを認めてくれたに示されている。すなわちヨナスにとり「小学校は正当な学習の場であり」、「学校家族の認知されたメンバーである」。

この社会ではとくに大人たちは、先入観や、それ以上に無知や接触すること

への不安などをもちつつ息子に出会うが、しばらく時間が過ぎると、とくに彼を際立たせているユーモアや愛らしさや感受性や人への配慮などで彼のことを評価するようになるということを私は日常的に何度も体験してきた。

インクルージョンは20年前と比べると確かに前進している。しかし、学校の分野では国とくに文科省との関連においてはまだ多くの点が不十分である。（例：複数担任制の不備、授業形態の不適切さ、知的障害児にとっての成績評価の不利益な調整、教職の研究テーマとしてのインクルージョンなど）

実現されるべきインクルージョンは、この社会が社会的でインクルーシブな1つの社会となるために、決して個別のケースに限られるものであってはならない。

私は、社会のあらゆる分野で幼稚園から労働生活に至るまでのすべての領域にインクルージョンがさらに広がっていくことを望んでいる。また、われわれの息子には彼が歩み始めた道を前進してほしい。しかし、その道が多くの石でふさがれてしまわないことを願っている。

イルゼ　グライスナー
（トリソミー21の子どもの母）

序文

　２年以上前に私は１つの非常に印象的な体験をした。

　ある父親が自分の娘について誇らしく語った。彼女はダウン症であったが、素晴らしい人生を生きていた。病院で働いていた彼女は病棟の天使のようであった。とても忍耐強く優しかったので患者から愛されていた。息苦しくなったり、寒がったりする患者さんのために彼女は１時間に５回も窓を開けて空気を入れて、それからまた閉めるということを繰り返した。胃腸に問題を抱えていて熱のある患者さんのために、とくに頼まれなくても顔や手を拭けるように蒸しタオルを届けて気配りをした。それぞれの患者さんにもっともよくあった花を生けるための花瓶を選び、患者さんが自分でできない場合には彼女がその患者さんに代わって花の水も取り替えた。

　病棟で患者さんに食事や飲み物を運び、介護に同席し、決められた薬を届けた。消毒のためのネットの準備も習得した。

　彼女の気配り、親切、やさしさのために患者さんから、時にはほかの看護師よりも多くのチップをもらうこともあった。しかしそのお金の使い道もなかったので家に預けていた。

　ちょうど同じころある１人の青年を紹介された。彼は幼稚園から小・中学校の第８学年までモンテッソーリの学校に通うという純粋にモンテッソーリの経歴の持ち主であった。モンテッソーリ学校のモットーは「一緒に生活し、一緒に学ぶ」というものである。

　彼は学校生活において読み書きを学び、趣味を持つようになった。ごく早いころから専門分野を定めてそれに関する知識を集めた。その分野で彼はテレビ番組のコンクールに出ていくつかの賞を取るまでになった。学校課程を修了したのちに彼はバイエルン州で職業体験実習を行うことになった。ここで彼は重点的にパン屋の仕事を学んだ。

私は「若年寄」のような青年と知り合うことになった。彼はいつも肩を落としてうつむき加減であった。洋服は清潔できちんとしていたが、年齢には不釣り合いだった。質問に答えるときはおどおどしてたどたどしく、目を合わせることはなかった。義務教育は終了していたが、上の学校に進むことはできなかった。彼は働く場を探していたが、すでにいくつかから断られていた。私は彼にチャンスをあげることにした。モンテッソーリ・セラピー部門で、年間を通して行われる職業実習を２年間続けてしてもらうことにした。

　最初のうちは青年も私の同僚も私も皆がかなりの困難を感じた。皆が学ばなければならなかった。この部門の長として私は次のような問題点を掲げた。

- 義務教育だけ修了した青年にどの程度期待できるか
- どのような指示や依頼をしていいか
- 依頼を分かってもらうためにどの程度の長さの文章で伝えるべきか
- １つの文章に２つの依頼を含めるとどうなるか
- 時間的な強制はどの程度可能か
- 私が特別に忙しい時や、気分がすぐれないときに彼にどのように対応するか
- 無造作に投げかけられた不用意な言葉がどのような影響を及ぼすか
- いつほめて、いつ叱るか
- 確実なことは何か

青年の側から：

- いつ積極的に行動すべきか。依頼された時だけでいいのか、その他の時もか
- 私に関心が払われないのは、機嫌が悪いからかそれとも無関心によるのか
- 最後の言葉だけではなくて、話されるすべての文章に集中すべきである
- 私の担当の仕事でなくても、正しく行うべきある
- 仕事を急いで行うべきである
- 何かをやり終えた時には、次の仕事が頼めるようにそれを教えるべきである
- 親切に挨拶してくれる人には、笑顔で親しく返答するべきである

本来、これらの能力の大部分がモンテッソーリ学校の日常生活の中では当たり前とされてきたものであるが、この職業体験の時期にはその多くが影をひそめて、無視されてしまっていた。

　青年の問題も、同僚たちの問題も前からわかっていたわけではないが、少し考えればすべて解決できるようなものであった。われわれは注意深く学びながらこれらについて先見的に対処した。

　2年間の実習期間が終わった時に、青年はここで働くことができるし、働くことを望んでいるということが確認された。彼はいろいろなことができるようになったし、期待に応えて自分の義務を果たせるようになった。知らない人にも明るく丁寧で親切に接することができるようになり、彼のやさしさは暗くなりがちな雰囲気を明るいものにすることができた。職場のチーム全体が彼のために全力で関わったので、彼を雇用することを確定した。

　その時からほぼ25年経た今でも、かれは前と同じ職場で用務員として2つの領域を任されて働いている。この2つの領域はいずれもこの会社がスムーズに活動を続けるうえで欠かすことができないものである。彼が少しでも気を抜くようなことがあると会社は正常に機能しない。

　彼は自分の仕事を理解し、自立し、人から信頼され、さらに喜んで働いている。

　彼の明るさは周囲を明るくし、人々の顔を一瞬笑顔にすることができる。

　彼はすべての労働者と同様に、自分の給料の中から税金と社会諸経費を支払っている。

　彼には自分の家もある。

　最も好きな活動は読書である。「ミュンヘンにはたくさんの本屋があるので、いつでも簡単に素晴らしい本を手に入れることができる」。

　彼は旅行も好きである。最高の旅はバルト海でのクルージングであった。

**　彼は満ち足りた人生を過ごしている。**

インクルージョンとはどういうものか？

　今日ではチェコスロバキアに属している、スーデテンランドのシェーンヘングストガウというところで1928年に生まれた１人の高齢の男性が語った次のことを思い出す。

　「われわれの家族は村に住んでいて、３人の息子と２人の娘の５人の子どもに恵まれました。息子たちは力が強く立派な体格でした。単純な文章しか話すことができずに、返答はぶっきらぼうで短いものでした。しかし私たちは互いに仲良く理解しあっていました。彼らは大きい声でひっきりなしに独り言を話すということもありました。２人の娘のうちの１人はその行動からはとくに目立つことはありませんでしたが、学校の授業にきちんとついていっているようには見えませんでした。大人になってからは農家の仕事を手伝うようになりました。下の娘は知的には一番優れていて、小学校の全課程を無事に終わり、隣の町の中学校（現在での実科学校）に通いました。

　私たちの小学校は３クラスに分かれていました。１階には１−４学年混合のクラスが１つあり、２階には５学年と６学年の混合クラスと７学年と８学年の混合クラスの２つがありました。２階に上がるということは子どもたちにとってとても誇らしいことでした。１−４学年混合クラスの教室は他の２つの教室よりも広く作られていました。この教室では一番年少の子どもが最前列に座り、次に２年生、その後ろに学年の上の子どもが座るようになっていました。

　この家族の子どもたちは全員小学校に入学しました。村じゅうの誰もが男の子が全員いわゆる普通でなくて、飛びまわっていることを知っていましたが、誰１人として、彼らが入学できないなどと考える人はいませんでした。上の学年に進級するためには、その学年の学習目標を達成しなければならなかったので、子どもが座っている席順からその子どもがどの学年にいるかがわかりました。しかしこの３人に関して事情は少し違っていました。彼らはみな身体が非

常に大きかったので、背の低い子どもたちの視界を妨げないために、一番後ろの列に座るようになりました。こうしてこの教室の最後部の3つの席は、彼らが在籍した全期間、3人の定位置となり、彼らは2学年に進級することなく、8年間ずっと1年生のままで学校を卒業していきました。

　教師は彼らが着席して、基本的には放任されているにもかかわらず大人しくしていて、授業の邪魔をしないことを尊重していました。休み時間や下校の途中では、この3人組は元気になりました。弱い人々に対しては、優しく、親切で、弱者を守るためには少し変わった武器を使うこともありました。彼らは体格的には完全に優位にありました。またひどいトリックをも使うこともありました。たとえば、石ころや尖った釘を混ぜて雪の玉をつくったり、糞尿をつけ

　兵士の適正を確認のために行われる徴兵検査は、第1次と第2次世界戦争の期間中、該当する年齢の男子にとって特別にめでたい記念日とされていた。彼らは正装して、村の入り口で音楽隊に迎えられた。徴兵検査が済むとビールで乾杯した。
　上の写真は1924年度の徴兵検査と食事会の後の新兵たちを撮影したものである。
　これらの男子の中で、（写真の右端の）青年は明らかに徴兵検査には合格していないが、彼が仲間と一緒にいることもごく当たり前のことである。

た雪の塊を投げつけたりしました。こうした時には危険な殴り合いなどもあり
ましたが、学級は互いが尊重しあう1つの社会をなしていました。

　すべての子どもたちが、家や家畜小屋や畑や庭の手伝いをすることは当たり
前でした。とくに力の強い子どもはよく手伝うことができました。脱穀機の手
伝い、干し草刈りの仕事、薪をつくるために太い枝を森から切り出すことなど
です。彼らはさらに、土を山盛りにした手押し車を墓から引き上げたり、道路
にできた穴を埋めるために使う石を砕いたり、道路に積もった雪を取り除く仕
事なども喜んで手伝いました。

　村全体が1つの狭い社会であったために、陰口や噂話などは確かにありまし
たが、そこでの人々の結びつきは非常に強くて、阻害するなどということは決
してあり得ませんでした。

　これは、確かにその当時のインクルージョンの1つの良い形を示している。
しかし、果たしてそれは今日でも理想的であると言えるだろうか。

　学校時代について言えばそうではない。現在の知識基準からみると、この3
人の子どもたちはたしかに学習可能であったに違いない。しかし、無能な者と
して、1年生のままでいることが公認されていたのは精神的に彼らを苦しめ
た。この点からみても、この子どもたちが全く擁護されていなかったことが明
らかである。

　良かったところは小学4年生までのクラスが年齢混合であったために、4年
生までの授業を繰り返して、聞くことができて、多くの事柄が「記憶に残
り」、他の子どもにとってはそれほど興味のないテーマにも関心をもって、良
く聞いていたかもしれない。彼らは何も期待されずに、何も要求されずにただ
そこに存在していた。

　常にそこに居るということは、そこに所属するということにつながる。かれ
らはその住民の一部であった。生徒たちは全員が彼らのことを知っていて、彼
らが違っているということも確認せざるを得ない状況であった。生徒たちはそ
れぞれどのように彼らと付き合うべきかについての戦略を持ち、それに従って
行動した。

子どもたちもその家庭もいろいろな戦略をたてて彼らと接した。親切に接近する。援助の提供を試みる。仲間としてふるまう、冗談めかす、特別だと認める、さらに保護するものもいた。

　こうして、3人には彼らの社会的能力を育てるためのたくさんの可能性が与えられたので、彼らが大人になったときには村の共同体にうまく仲間入りすることができた。

　その当時、児童労働はすべての家庭にとり当たり前のこととされていたので、彼らの能力はフルに活用された。その優れた成果が人々から認められた。3人の青年にとってこれは学校での低められていた日常を補償し、耐える力を与えるものになった。

"異なっていることこそが正常なことである"

リヒャルト　フォン　ワイツゼッカー

共生の形態は学校システムにどのような影響を及ぼすか

排除（ラテン語 exclusio）：社会的共同生活から締め出すこと。ときには当事者の意思に反してなされる。

分離 / 隔離（ラテン語　separare）：孤立させる。政治的な意図で隔離する。

協力関係（ラテン語　cooperatio）：協働、協力、認知課題での協力関係

インテグレーション（ラテン語　integrare）統合する。全体の修復

インクルージョン（ラテン語　inclusio）結合すること　所属すること

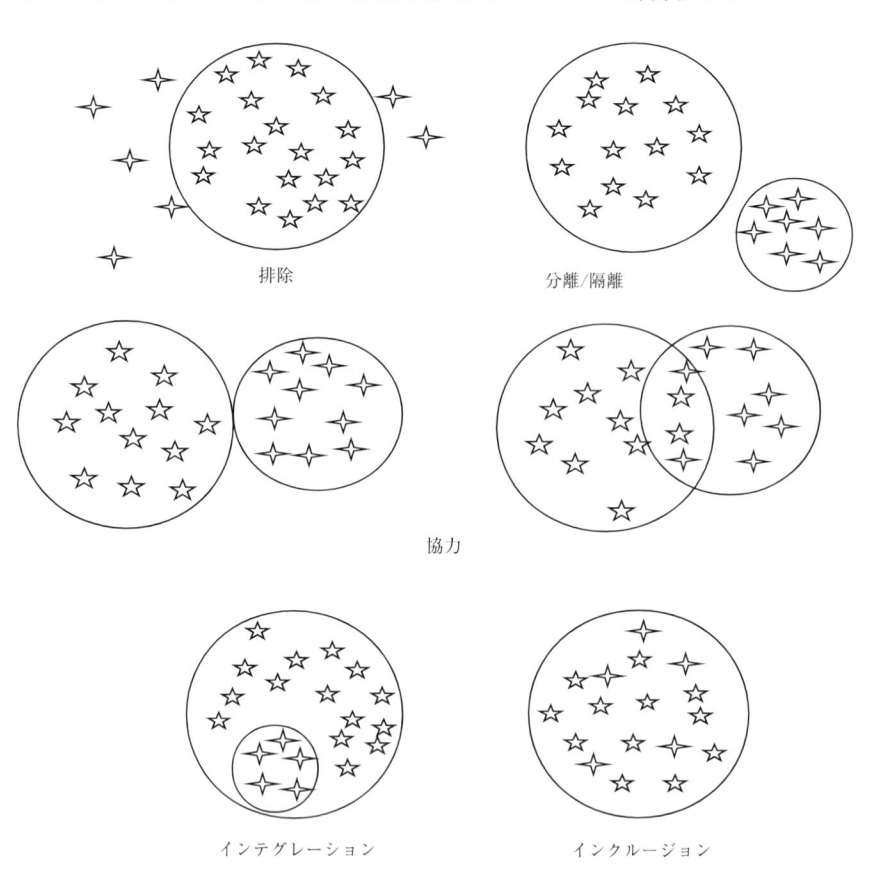

排除

分離/隔離

協力

インテグレーション

インクルージョン

「犬が一斉に吠え出した。－ジプシーがやって来る－家の扉にしっかり鍵を
かけて、洗濯物を取り込みなさい」。**排除は**明確に主張されないこともある。
知的障害のある3人の青年のインテグレーションについて語ってくれた高齢の
男性も、彼の村にもそのような面があるということを知っていた。

　シェーンヘングストガウという彼の村はチェコスロヴァキアの領土の中でド
イツ語を話す離れ島のようなところで、チェコ語は市民学校（現在の実家学校
に該当する）で第2外国語として教えられていた。他の国民集団との関係は、
できるだけ商業分野の関係にだけに限定しようとしていた。ドイツ共同体の外
での婚姻は禁じられていて、極端に少なかった。家庭ではドイツ語が話され、
子どもたちはドイツの国籍を取得し、外国的な響きの苗字が多く、よそ者は排
除された。チェコ人と距離を置く国民グループだけではなく、知らない人々は
誰でも締め出された。

　社会学による排除の概念は、個人とその個人からなる集団を、"本来の共同
体"とされる社会的集団の枠から永続的に締め出すことと定義されている。

　適切な養育を受ける権利や基本的就学の権利や医療的ケアを受ける権利やそ
の他の基本的権利の拒否という形での**排除**は生死にかかわる問題をもたらすこ
とにもなる。

　排除される人は時として、自分自身を「価値のないもの」であり、「はじき
出されたもの」であると感じているので、彼を排除する集団の価値を受け入れ
ずに、そのように行動する。それでも彼がつながっている社会のメンバー達
は、彼らを取るに足りないものとみなして、彼らが公的な支援を受けたり、公
的施設を利用することを認めようとしない。

　高齢の男性が語った当時の学校では、ローマの家族の子どもであれば、たと
えその家族が長い間住んでいても、その土地の学校に入学することなどは到底
ありえないことであった。しかし、この子どもたちは就学年齢までドイツ人と
チェコ人混合の家族で暮らしていたので、就学には何ら不都合なことはなかっ
た。

　ドイツには就学義務がある。ここでは学校から排除するということは本来的
にはありえないことである。しかし子どもはどの学校に通うのだろうか。ドイ

ツの学校制度は細分化されている。学校による排除はドイツでは決められている学校のタイプに関係している。両親が正しいと思う学校に子どもたちは通っているだろうか。この学校はこの子どもにとって最善のチャンスになっているか。

分離 / 隔離

これは、われわれの社会では一般的である。近代的な高齢者住宅や障害者の施設などは郊外の美しい地方に、あらゆる贅を尽くし、できるだけわれわれの目の届かない遠いところにつくられている。入居者のために最大の努力をしていると自分たちを安心させて、しかしそれを自分たちの目の前にはつくらないようにする。

教育に関して言えば分離はドイツでは日常的に行われる。国の通達でも、一般幼稚園では普通児は普通児クラスに、学習障害のある幼児は統合クラスへ、処遇困難児は学校準備施設または治療教育通園施設に行くようにと分けられている。就学に関しては、小学校入学に必要な能力と、特別支援学校が必然とされる基準について厳密に通達されている。小学校の課程が終わるともう一度選別が行われる。終了後にはいろいろな職業に就くことが可能になるいわゆる中等学校へ行くか、実家学校へ行くか、それともギムナジウムかということである。しかし、もし中学校で挫折すると特別支援学校に戻ってきて、そこでもまた能力によって選別される。

このことは点数と卒業成績を過大評価するということにつながる。そこから軽蔑や差別が生まれる。不十分で悪い成績をとると間接的に「障害」があるとされる。それは、たとえ彼が職場で要求される仕事を完璧に行って立派な業績を上げるようになった場合にも、彼が「まともな成績」を取ってこなかった場合には払拭されない。

2009年3月26日、国連の障害者権利条約がドイツでも効力を発することになった。この権利条約は、人々をエンパワーして、人間の尊厳を自覚させ、権利を行使する力を発揮させるものである。

この条約では、特殊と分類された子どもの両親は、もし同じだけの成果がみ

られないならば、子どもに普通小学校の教育を受けさせる権利が与えられるというものである。これにより、インテグレーションとインクルージョンへの道が開かれることになった。しかしその道はいまだに険しい。

協力関係

　人々、またはシステム間の協力は、多くの場合、関係者すべてにとって利益があるとされている。

　使用されていない学校スペースを活用し、混み合っている施設の負担を軽くすることは疑いなく意味のあることである。経済的な利益は確かにあっても、当事者や子どもや両親にとってはどのような利益があるのだろうか。

　バイエルン州の学校システムには、今日ますます多くの協力学級がつくられるようになった。手をつなぐ親の会がそれを強く望んでいて、現在に至るまでいろいろな方法で支援を続けている。小学校、または中学校の1つの学級が特別支援学校の1つの学級と連携するというものである。連携の方法はいろいろある。

- 社会的な交流が定期的に一定の間隔で行われる。たとえば特別支援学校の学級2が普通小学校の学級2aを訪問する。次の月には小学校の生徒が特別支援学校の生徒を訪問するというようなものである。こうした訪問はいつも決まった時間内で行われるイベントであり、それぞれがいろいろな形で関与するが、イベントが終わるとそれぞれの日常に戻っていくというものである。
- 建物や施設を共同で利用する。授業は別々に行われる。社会的な接触は休み時間や廊下などでなされる。

　　この方法で、障害児通園施設の幼児が空いている幼稚園の場所を使ったり、特別支援学校の生徒が小学校を使用したり、小学校の生徒が特別支援学校を使用するが子どもたち同士の接触はほぼ偶然に任されている。特に中学校では出会いがネガティブになることが多い。それは両方の生徒のグループにとって負担であり、互いに気後れを感じるからである。

- いくつかの選択された科目、音楽や工作や料理などの科目で一緒の授業が

なされるが、その他の科目に関しては、それぞれの学校体系ごとの学習プランに沿って行われる。とくにそれらは小学校や中学校で行われている。しかしその授業形態は、生徒たちを引き付けることがきるような専門教師がいるかどうかにかかっている。そうでないとこれらの教科はすぐに「そんなにうまくいくものではない」といわれてしまう。

- 授業はだいたい一緒に行われる。ただしいくつかの教科、たとえば読む、書く、算数などは除外される。その時一部の生徒はその教室を出て隣の教室で授業を受けることになる。もちろんその時にその生徒と他の生徒がどのように感じるかということが問題である。

これらすべての協力形態に共通しているのは、生徒たちが「その学校システム」の中にとどまっているということである。教室で教えている教師たちの教育課程は同じではない。一緒の授業の質を決めるのは、教師たちの間に共通の理解があるかどうかにかかっている。

インテグレーション

これも2つのグループの存在、すなわち、普通児とそうでない児童のグループの存在が前提となっている。

ここでは普通の生活というのは多数者に合わせて考えられるものであり、それ以外の者は1つのグループにまとめられて、この普通といわれる場所に組み込まれることになる。多数者に決定権があり、彼らは少数者を優しく仲間に迎え入れてくれるが、少数者は共同体に完全に属することはない。

インテグレーションについては、興味深く、役立つという評価もあるが、インテグレーションの限界の方を指摘してそれを強調している評価も少なくない。

行事、たとえば一緒に祝う祭りなどでは、エキゾチックなリズムを楽しみ、豪華な御馳走を食べて、自分たちの力を超える能力を発揮することに感嘆するが、その後ではそれぞれが再び自分たちの社会に戻っていくことになる。

それは小さいグループに対してよそ者のレッテルを張ることであり、彼ら1人ひとりとその真のニーズを理解せずに、彼らの能力や彼らの傷つきやすさを

知ろうとしないことである。

　教育現場にはいろいろなモデルがみられる。障害児のグループを自分たちの共同体に受け入れて、そこで特別支援教育が行われるというインテグレーション学級や、特別支援教育の支援を受けている児童を個別に学級へ受け入れるという個別的インテグレーションなどがある。

　学習遅滞児のグループのインテグレーションでは、免許の異なる2人の教師が就くことになっている。その目的は、特別支援教育の免許をもつ教師は力量に応じて課題の困難性の程度を決めるのに対して、他の教師は普通の課題に専念することができるようになるためである。私がここであえて特別支援教師と書いたのは、このことで再び分離が必然的になるからである。このグループにはどのような教師がふさわしいか。学習遅滞児はその行動においても学習能力においても多様であるので、どのような教師が配置されるべきかが問題になる。

　個別インテグレーションでは通常は学級担任が全生徒をみて、補助職員が担任を助ける。補助職員は1人または数人の学習遅滞児に対して配置される。両者の協力関係がうまくいくと、学習遅滞児は特別に位置づけられることはなくなる。なぜならば、クラスのすべての子どもたちは援助を必要としているので、援助されるということはごくあたりまえのことだからである。

インクルージョン[1]

　社会的インクルージョンと学校のインクルージョンは区別されなければならない。社会的インクルージョンへの要請を実現できるのは、すべての人間が個人として社会共同体に受け入れられ、完全に参加することができているときである。社会的インクルージョンでは、相違や不一致などの意味が限定的であり、問題ないものとして、さらにそれらが集団を豊かにするものであるとして認識される。彼らの存在は社会にとって問題とされたり、例外（少数なので）とされるようなものではない。参加への権利は社会倫理的な根拠をもつもの

---

[1]　ウィキペディア　2010年3月8日
　　社会的インテグレーション、インクルージョンの語には多様な意味がある。

で、あらゆる生活圏で、全員が限定を加えられることなく生きられるということを意味している。

　インクルージョンは、正常を前提とするものではなく、すべての個人が同等の価値をもつことを公言する。正常というのはむしろ多様性のあることであり、違いがあることであり、背の低い人も高い人もいていいということである。個人は現にある基準を満たすように強制されることはない。むしろ社会こそがすべての人に役立ち、すべての人が自分なりのやり方で全体に貢献できる価値ある実績をあげることができるような仕組みをつくるのである。

　一番重要なことは、国連の障害者権利条約に述べられている社会的インクルージョンの原理である。ここではとりわけ所属の感情を高める（enhanced sense of belonging）という目標設定が掲げられている。所属の感情という概念は人権においての新しい語彙である。これは社会的差別という不正義に反対して、自由で平等な社会的インクルージョンを推進しようとする障害者条約の方向性を象徴的に示すものである。

　インクルージョンはいたるところに存在する以下のような制約をなくすことである。

- 教育政策上の排除
- 労働市場からの排除
- 経済的排除
- 制度的排除
- 社会的孤立による排除
- 文化的排除
- 空間的排除

　インクルージョンを社会政策的なコンセプトとして成功させているところでは、分離された施設はあり得ない。インクルージョンは支援が必要である人との包括的な連帯を意味する。支援が必要であるとは、要支援（障害者手帳に｛H｝の印を押すような）というような概念ではない。そうなると特別な施設、たとえば、われわれの特別支援学校なども不用なものとなる。

　2008年6月にベルリンにおいて、「最初の労働市場への道としての**学校のイ**

ンクルージョン－その社会的意義と経済的視点－」というテーマで、専門家による聴聞会が開かれた。障害者の代弁者であるカリン・エヴァース－マイヤー女史は、「障害者のための特別な道や障害者のための特別な世界を見直すべきである」と主張した。聴聞会が明確にしたことは、「選別をする人は、個人だけではなく集団に対してもスティグマを与えるので、後からその個人と集団を再び統合しようとしてもそれは非常に困難である」というものである。残念ながら排除につながるような実践をインテグレーションに転換するのは関係者全員にとって非常に難しい。それは費用が多くかかるうえに、たぶん失敗に終わることが予想される。

　ソーシャルインクルージョンの理想は、障害者として選別される人だけではなくて、「欠陥や不足」を比較的簡単に克服できるような人にもあてはめられる。たとえば、移民してきた人は、彼らがドイツ語をうまく話せないことや、幼少期から身につけてきた文化的、社会的特徴により、われわれの文化からは簡単に排除される。「ドイツ成人教育研究所」は、追加教育の課程を受講しないとインクルージョンできないとして、それを義務づけている人々のグループを指定している。それらは、移民の男女、職業教育を修了していない人、長期間の失業者、機能的な非識字者のグループなどである。私はそれに加えて、学校教育を修了していない若者や、職業について意欲や見通しをもっていない若者も含まれると思う。人生の展望が、「失業保険の受給者になる」というようなことが普及してはいけない。

　教育的にはこの考えはいわゆる統合学校のモデルに導入されている。統合学校ではすべての生徒の関心や能力に応じた授業が行われ、それと同時に正常な日常が実現している。

インテグレーションとインクルージョンの比較[2]

アンドレアス・ヒンツ（Andreas Hinz）　インクルージョンでは、生徒は2つのグループに分かれては存在しない。存在するのは、学校の全体を構成し、単にさまざまなニーズをもっている児童と青年だけである。これらのニーズの多くは大多数の人々に共有され、それが一緒の教育を行うニーズを形成する。すべての生徒はそれ以外に*個々の*ニーズをもっており、それらの1つとしては、個々のニーズを満たすために意味のある特別な手段や方法が用意されることである。

スザンネ・アブラム（Susanne Abram）　インテグレーションの概念とインクルージョンの概念を区別するのは、人々のインテグレーションは、互いの違いが認識され、最初は別々であったものが一緒になるという意味である。それに対して学校に関するインクルージョンでは、生徒たちの能力や授業への積極的な参加の程度が多様であることが前提であり、全生徒は共同体を体験し、認識している。その中で1人ひとりは自分自身の場所を確実にもっているので、すべての生徒が授業に参加することが可能になる。

ワルター・クレーグ（Walter Krög）は、2つの概念の違いを示し、インクルージョンがその中でもより超越していることを強調している。インテグレーションはそれまで区別されていた人々を統合することであるのに対して、インクルージョンは一緒にあるところでの差異を認め、すべての人の個別性とニーズを評価しようとするものである。そこでは人は集団（知能が高い、障害がある、言語が違っているなどの）に分類されることはない。インテグレーションの概念には以前からの社会的排除の余韻が感じられるのに対して、インクルー

---

[2]　インクルーシブ教育とその体験について、ウィキペディアからアンドレアス・ヒンツ、イネス・ボーマン、スザンネ・アブラム、ワルター・クレーグの知見を引用している。

ジョンが意味するものは、すべての人が例外なく共に決定し、共に形成するというものである。インクルージョンが社会について描くビジョンは、すべてのメンバーはあらゆる分野に当たり前に参加し、さらにすべてのメンバーのニーズが当たり前に配慮されるというものである。インクルージョンでは、すべての人が違っていて、すべての人が一緒に形成したり、一緒に決定できることが出発点となっている。決まったグループだけが社会に適応できるというようなことがあってはならない。

インテグレーション	インクルージョン
人を「欠陥」があるかないかで区別する。	人を特別な状態で支援を必要としている人格としてみる。
インテグレーションはドイツで広がっている排除に対抗するものである。	インクルージョンは人権を根拠とし、学校が生徒の共同体のニーズに応じるべきであることを要求する。
就学準備施設や学校で障害があるとない2つのグループが作られる。子どもたちは特別支援教育が必要なグループと必要でないグループに分かれる。	分離できない、単一の学習グループである。
それまで組み込まれてこなかった人々の統合が達成されるべきであると考える。	参加するすべての人の多様性を認めて、集団はその多様性に合わせることが期待される。
ニーズにより構成されるグループに分けられる。たとえば、男性と女性、才能、スポーツ、障害、言語などの基準によるグループ分けである。それに応じて何が提供されるかが決まる。他の人はそれに参加しなければならない（することができる）、または異なるやり方で処遇される。	その時々の機会に応じて可能性を探る。同じレベルの勉強を一緒にするか、支援を与えたり受けたりしながら勉強するか、積極的な見学や観察やいろいろな活動場面を通しての学習か。
社会的な接触があることに意味がある。	共同社会の個人すべてに協力と協働が期待される。
それぞれのグループにおける可能性が「無くなる」こともある。	個人の個別性が認められ、尊重される。
「正常」といわれるグループとその受入れの許容範囲を考慮しなければならない。	個々の子どもはその発達において、個別的援助とグループ効果をうまく活用することにより支援される。
教師の養成	**教師の養成**
学校でのインテグレーションを行うためにインテグレーション教育学ができた。インテグレーション教育学では一	インクルージョン教育学についてはいろいろな議論がなされている。勇気と熱意のある教師たちが実験的に行うも

実施	実施
緒の遊びや生活や学習や一緒の作業に関する過程と効果が扱われる。	のが多いが、その重点の置き方は非常に異なっている。
インテグレーション学級は5人までの学習遅滞児を受け入れることができる。そのために対象になる子どもは長い待機を強いられることになる。	就学は学区の学校に任せられる。
学区の担任は授業についてその理由にもよるが、必要があれば、学習遅滞児のために補助員を申請できる。	学級担任が授業を担当する。補助員はすべての子どものために配置される。
教師は専門機関（MSD）からの支援を受ける。	直接に授業に介入する専門機関は存在しない。
特別支援専門員は、学校で授業が行われている集団時間の間に来てその児童と（場合によりその友達も一緒に）連れ出して、特別な支援を行う。グループの活動は外からの出来事により短時間妨害される。学習遅滞の児童（その友達も）はこの時間に行われた集団の活動に参加することができない。学習遅滞児が（その友達も）学級に戻ってきたときに集団はもう一度妨害される。学習遅滞の児童にとり、すでに行われている活動にすぐについていくことは難しい。そこにいなかった間に他の印象が記憶されてしまうからである。学習遅滞児のいる集団も活動をすぐに続けることが、前に述べたのと同じ理由で、難しい。	外部からの妨害はない。
理想的には、教師と特別支援員との間に緊密な体験の交流があることが望ま	異なる専門家との意見交換は授業時間外で行われる。

しいが、組織的な理由から実現していないのが現状である。	
宿題を行う際に両親の協力が求められる。	両親には、どの宿題は意味があるかを考察するための協力が期待される。
学校外での接触	
原則的に両親による「送迎」がなされる。同級の児童の居住地から離れているのでそうせざるを得ない。	学校以外の時間にも場所的に緊密な接触が可能である。
特に近所の人にとっては、その行動や外見を日常的に体験していないので、「違う存在」のように見られる。	普通の生活は学校外でも継続できる。
経済的結果	
集団輸送による送迎も個別的な送迎も国が費用を負担する。	児童が1人で通学できない場合には両親が送迎する。
学区外学校登録料が必要	学区の学校であれば平等
必要に応じて学校同伴の費用	必要に応じて学校同伴の費用
特別サービス、専門サービス、MSDなどの費用は精算して支払われる。	両親は教師や他の専門職と協力しながら、それ以外の必要とされる支援を自ら決定し、経済的な可能性について探すことになる。
建物の改造（たとえば、車いすのためのバリアフリー）が必要になることがある。	建物の改造（たとえば、車いすのためのバリアフリー）が必要になることがある。

すべての人を豊かにするインクルージョンの条件

　　　　　　ヘルベルトは4歳半で、金切り声で泣き叫んでいる。彼の顔は真っ赤で、鼻はつまり、涙は頬にあふれ、泣きじゃくり、ぜいぜいしている。ママはなだめようとして、ひざの上に抱き上げて、話しかけ、おしゃぶりを口にくわえさせるが、すぐに吐き出してしまう。鼻で息をすることができない。ママはもう一度子どもに話しかけて、泣き止んだらご褒美を上げると約束する。しかし子どもは叫び続ける。彼女は窓のところへ行き、外の餌箱に集まってきている小鳥を見せようとするが、子どもは興味を示さない。母親が哺乳瓶を与えようとすると、子どもはそれを奪い取って、テーブルの下に放り投げる。

　母親は疲れ果てる。パパの出番となり、彼は息子を抱き上げる。子どもは深く短く息を吸い込むとさらに大声で泣きわめき、手足をばたつかせて床に落ちるほどの大暴れをする。ついに父はあきらめて子どもを母に返す。

　その間、母親はバックから棒についた真っ赤なアメを取り出して、彼の目の前に差し出した。「これが最後の救いなんです」と説明した。ヘルベルトは嬉しそうにそれをつかむと大喜びで口の中に入れた。叫び声はなくなったが、彼のぐしゃぐしゃになって汚れた顔が20分前の様子を物語っていた。

　何が起こったのか？

　ヘルベルトはフラジールX症候群という遺伝的問題を抱えてこの世に生まれた。専門書によると知的障害が伴う。両親はがっかりした。母親は罪悪感をもった。しかし、両親はこの子のためにできることはなんでもしたいと望んでいた。彼が嫌がることはすべて避けて、何かを強制すということもしなかった。何かを要求するときには簡単な言葉だけを使った。彼を不機嫌にさせないために行きたがる道だけを選んで歩いた。割れた破片を片付けなくて済むようにプラスチックの食器だけを使ったなどである。それにもかかわらず毎回同じような光景が繰り広げられた。近所の人からもたくさん良い助言をもらったが、そのほとんどが役に立たず場合によっては彼らを傷つけるものであった。

　ヘルベルトは機嫌よく私のプレイルームにやってきた。そこはマリア・モン

テッソーリに従って整えられた環境が用意されている。棚にはたくさんの教具が、子どもの目を引き付けるように、そして子どもの目の高さに並べられている。1つのトレイが、別のトレイの隣にあって、それぞれには違った目標をもち、難しさの度合いもちがう教材が置かれている。ヘルベルトは教具に心ひかれたように、小さいビンを手に取り、少しの間口に入れたが、鋏を見つけるとすぐにビンを放り投げて、鋏をつかんだ。鋏を持ったままピンクタワーを倒そうとした。ここで私が介入する。「水を注いでもいいし、鋏で切ってもいいし、ピンクタワーをつくってもいいですよ。どれがしたいか自分で決めてください」。これはヘルベルトにはあまりにも難しい要求だった。彼は自分で決めたくないし、決めることもできなかった。これまでは瞬間的な関心によって、手にしたり、口に入れたりしてきた。誰かから何か期待されたり、要求されたり、何かをやり通すということをこれまでに学んでこなかった。モンテッソーリ・セラピストとして、これから私がヘルベルトや両親や祖父母と共に歩む道は、彼がグループのメンバーの一員になり、彼の「自己」が他人に認められ、彼自身も気持ちいいと感じられるようになるまで実に長く続くということをあらためて実感した。

皆で考えてみよう。

- この子どもにとってインクルージョンは意味があるか？
- ヘルベルトが幼稚園で心地良いと感じるようになるために、彼はどうならなければならないか？
- 幼稚園が保証すべき条件はどのようなものか？
- 従来のいわゆる「安全パック」といわれる、早期療育、治療教育通園施設、特別支援学校、作業所は、この両親と子どもの進路によりふさわしいか？

ハンネスはヘルベルトより1歳半幼い。あと数か月で3歳になる。彼もヘルベルトと同じ遺伝的な問題を抱えている。彼の人生のスタートは違っていた。ハンネスには2つ上の兄がいて、彼はそのお兄さんが大好きで、お手

本にしている。

　2人の兄弟の両親は共働きであるが、幸いなことにその労働時間はどちらか1人が在宅で子どもの世話ができるように調整されている。

　育児、仕事、家事をしっかりこなすためには、混乱を引き起こさないような組織化と時間配分が必要である。1日がはっきりと構造化されている。すべての大切な領域に一定の時間が配分されている。食事の時間、世話をする時間、2人の子どもの運動機能の訓練をする時間、認知の発達を促すための時間、一緒に遊ぶ時間、家事をする時間、パパとママがそれぞれ自分のパソコンで行う自立した仕事のための時間などである。「いまはコンピュータの仕事をしているからここに来ないでね。1人で遊んでいてね」とか「一緒にご飯を作りましょう。サラダを洗ってくれるかしら」というように違いを明確にすると子どもは不安にならない。状況の違いを理解し、それに順応できるようになる。

　ハンネスもヘルベルトと同じように私の部屋の中を走り回っていた。彼はしかし、「止まって」とか「いけません」という合図を理解して、止まって、おとなの顔をちゃんと見る。意識して視線を合わせることができるので、いろいろなことを彼に提供することができる。彼の認知発達は年齢に応じたものである。絵本が大好きで、ごちゃごちゃいっぱい描かれた絵からその中に隠れている、もっとも小さいものを探して、見つけ出すことができる。指で自分の年齢を示すことができるし、お兄さんの年齢も知っている。1と2の数量を理解していて、「2本の鉛筆を持ってきてください」「お盆を1つだけ机においてください」の要求に応じることができる。3の数量はまだ不確実である。しかし強い興味を示しているのでそれもすぐに獲得するであろう。それ以外のシンボルについても同様に関心をもち、自分の名前のアルファベットの中から、H　AN の文字を、自動車のプレートや何かの絵本やダイレクトメールや新聞の見出しの中から探しだす。

　ハンネスは両手を使い細かい手先の動作が必要な日常生活の訓練はどれもあまり好きではない。

　この本を執筆していた間の2か月で彼は次のように変化した。

　彼は部屋の中をむやみに走りまわるということがなくなった。なんの計画も

なく、どこかに止まってもすぐに飛び立つハエのように行動することはなくなった。この短い時間で彼は椅子に座り、誰かが来てくれるまで落ち着いて嬉しそうに待つことができるようになった。彼は3－4個の提供された日常生活の練習の教材を自分で選択できるようになった。どこから教具を取ってきて、仕事が終わったらまたどこに戻すかという場所もわかっている。しごとの構造は理解できるが、微細運動機能的に一列に並べたりすることは（長い数字を数える場合など）まだ困難である。

一緒に考えてみよう
- ハンネスにとって、治療教育幼稚園に通園することと、従来のモンテッソーリ幼稚園でのインクルージョンとではどのような違いがあるか？
- ハンネスの場合、シンボルに関する敏感期がなぜそれほど早くはっきりと表れたか？
- どのような学校がハンネスの能力をもっとよく発達させ、育成することができるか？

アンドレアスはつらい運命を背負っていた。最初に生まれた子どもで、男の子であり、自慢の子どもであり、両親のすべての願い、つまり「男だから何かできる」「男こそ家族を代表する」「男はすでに未来を計画している」などを叶えてくれるはずであった。家族が立てた計画があった。それは、父と息子は一緒に義務から解放される。父親は定年になり、息子は学校を卒業する。かれらは自由になる。「その後2人は、もっといい仕事を得るために、そして老後にさらなる教養を身につけるために一緒に学ぶ」というものであった。

しかし運命が彼らを襲った。2番目の子どもが生まれた。その子は生きる力がなかったが、死ぬこともできないような状態だった。生まれるとすぐに少しでも健康体に近づけるようにと複数の手術が行われた。しかしそれらはすべてうまくいかなかった。面倒なことが次々に起こり、状態が固定することになった。心臓は監視され続けられ必要に応じたサポートが与えられた。呼吸も同様

であった。チューブによる栄養注入はトラブルを未然に防ぎ、体重の増加を保証した。てんかん発作を防ぐため、少なくとも発作の頻度と強度を最小限度に抑えるために薬が、睡眠中と覚醒中に投与された。

　四六時中、要介護状態が続き、家族には負いきれないほどの大きい負担が背負わされた。家族はその解決のために介護施設に入所させることを決めた。常時医師の監視下にあり、経験豊富な看護師がいて、適切な医療的なケアが保障されている。家族は彼とのつながりを保ち、毎日何度も子どもを見舞った。生活のすべてをそれにかけていた。

　さらに大きい不幸が追いうちをかけた。アンドレアスは些細な感染症にかかった。それは子どもの場合には、肺炎に発展したり、思いがけずに死にまで至ることもあるものである。

　アンドレアスが感染症にかかった時、彼は5歳になっていて、すでに2年前から治療教育通園施設を利用していた。こうした措置は現実的な解決策であった。長時間の保育と、送り迎えのサービスが得られたからである。おかげで両親は病院に長く滞在することができた。

　治療教育通園施設には専門の治療教育士が指導する小さいグループが用意されていた。ここで彼が家族からもらえないもの、時間、ぬくもり、きょうだい、食事の世話や配慮、普通の教育などのすべてを代理してもらわなければならなかった。

　そのグループに属する子どもたちは全員治療教育的なニーズを抱えていた。ニーズの原因は多様である。4人がADHDとADSとその他の行動の障害、1人が自閉的傾向、2人が一般の幼稚園ではうまくやっていけない移民の背景のある子ども、2人が原因の異なる言語障害のある子ども、1人がダウン症候群の子どもで、1人は最終的な診断が出ていない子どもである。治療教育士たちは最善を尽くして教育を行うが、決してそれで十分であるとは思っていない。

　アンドレアスは成長し、すぐに同じ年齢の子どもたちより頭1つ分大きくなったが、いろいろな困難も抱えていた。一見するとかれは実年齢より上にみられた。そのために何かできないことがあると、同じ年齢の通常の子どもたち

のグループの中にいるときよりも目立って問題にされることが多かった。彼は困難にぶつかるとすぐに泣いて反応し、大人が優しくかまってくれるように仕向けた。誰もが彼の残酷な運命を知っていたし、深い悲しみも理解していた。幼稚園時代を通して彼はあまりにもたくさん泣いたので、ついに、彼が入学を許されたのは、彼が心理的に不安定であるという理由から、診断・促進学級といわれるバイエルン州にしかない学級であり、2年間の授業の課程を3年かけて学ぶというものであった。通園バスの登下校、停留所での停車、授業そのものまですべてが彼にとっての大きな負担となった。彼はいつもどこでも人から笑われるのではないか、笑われると自分が変な行動をしてしまうのではないかと心配でたまらなかった。心理的な介入がなされたにもかかわらず、いまだに深い悲しみに閉ざされ、常に礼儀正しく、人への配慮を自分に強制し、内的な怒りを抱えていた。それが彼をさらに不幸にした。彼は自分についてこのように述べている。「ありのままの自分を受け入れようとしない、疑似な世界の中で生きている」「この世界で生きるためには僕は善良すぎる」。

　今でも彼は1人ぼっちであり、周りに友達がいない、両親がいるだけである。最も好きなことは家にいることであり、危険な爬虫類の本を読み、勉強にも遊びにもいつもコンピュータがついてくる。彼も両親も社会から隔絶されているので、たとえば、勉強のやり方や認知や葛藤の処理などの領域で他児と比較することができない。彼が就きたい職業を尋ねると彼は教師と答える。

　一緒に考えてみよう。
- この子どもを、他の子どもとのインクルージョンの環境の中で育てることはできなかったか？
- 幼稚園や学校はどのような条件を満たさなければならないか？
- 可能性はあるだろうか。限界はどうだろうか？
- 現在のこの状態を打開する方法はあるか？

　　　　　ドロテーは非常にまれな遺伝的特別状況としてのパリスター・キリアン症候群による特異性をもっている。

テトラソミー12p モザイク症候群のある人は、体の細胞の一部に12番染色体の短い腕が、正常では2倍あるものが4倍になっている。この2つの余分の染色体肢が47番目の染色体に結合するといわゆるイソ染色体が形成される。

こうした染色体の変異そのものは決して珍しいものではない。しかしその染色体の異変をもって誕生することは非常に珍しいことである。赤ん坊のドロテーはすでに母胎の中にいた時から生命力と生きる力が強かった。その力によって彼女は今日に至るまで生活の中で最善を尽くすように助けられてきた。

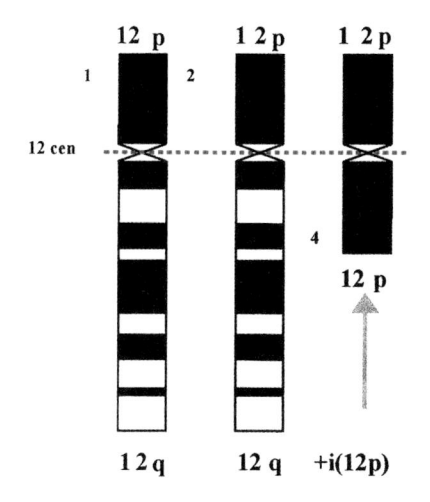

● イソ染色体12p は胚胞が成熟する間に発生する。両親の一方で、2つの12番染色体の不分離が生じ、これらの両方の染色体の1つに横分割が起こり、長い腕が失われる。

● モザイクが発生するのは、イソ染色体が受胎の早い段階、妊娠初期の間に失われることによる。

すでに誕生の時に特徴的な状態が表れていた。この病気の子どもは原則的に身体的な発達の遅れがみられる。(書物によると身体的並びに知的発達障害があると書かれているが、私はあえて知的障害の言葉を使いたくない。なぜならば、今日の体験並びに科学的な観察からこれについては原則的に避けるようになっている[3]) それは、現象を認識することが診断を確定するための前提条件とされるからである[4]。

---

[3]　遺伝的特異性を持つ数百人の子どもとの活動の体験からの筆者の認識
[4]　ミル・ハーゲマン、ミュンヘン大学医学部提出の博士論文の序文

ドロテーさんについての私の見方はこうである。「彼女は遺伝的な特異性がもたらした結果に苦しめられている」。彼女は非常に大きい問題を抱えている。「彼女は自分では言語表現をすることができない」。音を発したり、身振り手振りなどは非常に限定的であるので、将来的には書いて伝えられるようになるといいが、そのためには、想像を超えるような困難を克服しなければならない。彼女は自分の願望、要求、考え、恐怖などが外の世界から理解してもらえないという現実に日々直面している。

　ドロテーさんは20歳になっている。在宅で母親と暮らしていて、日中は訓練施設で過ごしている。車いすに固定されていて、あらゆることについて援助が必要である。

　子ども時代の最初の数年間、両親は全面的にドロテーの世話をしてきた。両親は彼女を生活に参加させたいと考えて、抱きかかえてきて、遊んでいる子どもたちの仲間に入れようとした。子どもたちは彼女のまわりをぐるぐる走りまわった。

 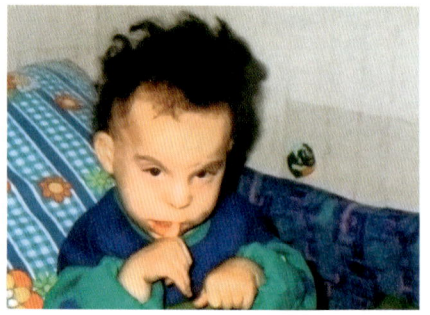

　彼女は極度の筋緊張低下のために積極的に子どものグループに参加することはできなかった。そのために当然のこととして、彼女は次第にある行動をとるようになった。「彼女はすぐに寝込んでしまう」。それは彼女の習慣となり、そうすることで不快な状況から自分の身を守ろうとした。自分がその時に望んでいないことや欲しくないことを求められると、彼女はすぐに眠ってしまった。

　それにもかかわらず彼女は学習していった。その成果をテストすることがで

きなかったし、それ以外の方法で確かめることもできなかった。ただ信じるのみであった。そのためにそれが大げさであるとか嘘だと言われることもあった。

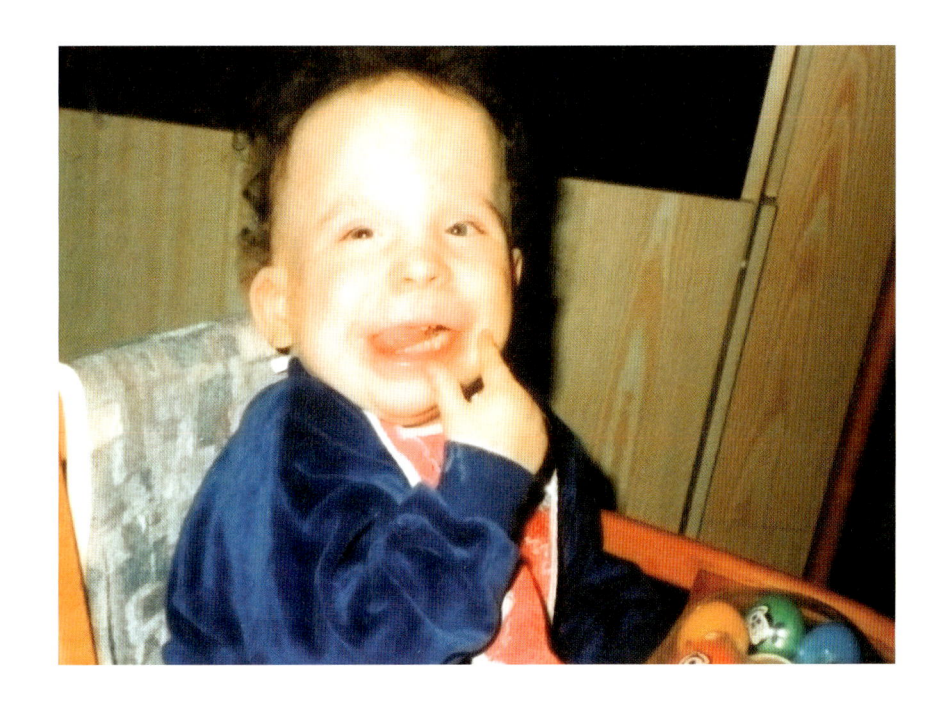

　私が彼女と知り合いになったのは、1995年、ミュンヘン小児センターで第1回全国パティスター・キリアン症候群の親子の集まりが開かれた時であった。
　そこでは6人の子どもたちが観察の対象になった。全員アイコンタクトができた。セラピストによる診断のためのプレイでも反応したが、多くの子どもは、拒否を示すときには頭をそらしたり、倒れたり、わざと眠ったふりをするなどで対抗した。
　そこで5歳児のドリーの両親は、何度もドリーにかかわろうとしているモン

テッソーリ・セラピストのかかわりを知った。その時に両親は、自分たちの子どもとその能力についての新しい可能性が開かれたと感じた。すなわち、学習を成功させ、家庭で望ましい人間関係を築くことができる道があると思った。以下は彼女とのモンテッソーリ・セラピーの2つのシリーズについて要約した形で再現するものである。

　最初に彼女は床の上に敷かれたウォーターマットの上に座って、単調な音を発していた。セラピストが彼女に話しかけると、ドリーは耳に手をあてて少し振り向き、手をたたいた。次にセラピストから顔をそらして親指を口の中に入れた。それからもう一度セラピストと視線を合わせた。セラピストは、上手にお座りしていますね、と彼女をほめた。セラピストがウォーターマットを動かすと、ドリーは自分で体を支えた。それでセラピストはもう一度彼女をほめた。

5歳のドリーはマットの上に座っている。

　セラピストが遊ぶものを探しに立ち上がると、注意をそちらに向けて、音をたてるのを止めた[5]。

教具1：　　大きいほうろう製容器（外側赤、内側白）
　　　　　　小さいほうろう製容器と同様の物
　　　　　　カラフルな卓球のボール

---

[5] 特別なニーズのある子どもたちとの15年間の経験を通して批判的な認識を持つに至った。ドリーはこの時になるとしっかりとセラピストに注意を向けることができるようになった。しかし、この積極的な再出発の状況を教具の自由な選択に生かすことができなかった。

提供：

セラピストは容器と卓球のボールを取ってきて、ドリーの両脚の間に置いた。

セラピストは容器の中で音を立てながらボールをあちこち転がしてみせると、彼女はじっと見たが、前と同じような音を発していた。

セラピストは小さい容器を大きい容器の隣に置いて、容器からボールを1つ取り出し、彼女に見せて、それを小さい容器に入れるように促した。

差し出されたボールを見ている [6]

ドリーはボールにチラッと目をやったが、すぐに他の方に目をそらした。

セラピストは容器をドリーの視野に入るように置いて、もう一度容器の中でボールを転がしながら注意を向けさせた。セラピストが手を取ろうとすると、ドリーは彼女を見たが、すぐに手を引っ込めて、横を向いてしまった。セラピストは彼女の視線の方向でボールを動かしながらドリーの関心をもう一度向けさせた [7]。

卓球のボールを使った活動：

セラピストは2回、ドリーの手をとってその手を容器の方にもっていこうとした。2回とも彼女はすぐに手を引っ込めた。1回目はセラピストとアイコンタクトがあったが、2回目は顔をそむけた。セラピストはドリーに対して、容器の中のボールを転がしながら、優しい言葉を添えて、容器の方に手を出すよ

---

[6]　この場面の写真が非常に不鮮明であることを申し訳なく思う。原版を手に入れることができずにやむを得ず古い印刷物から引用した。

[7]　批判的コメント：今になって考えると、セラピストがなぜボールを使って彼女と関わろうとしたかが理解できる。彼女はこの状況下でドリーの能力を過小評価していて、そうした理解からの関係だったからである。

うに促した。ドリーは「ちょっと見て」という誘いに反応し、容器の中のボールをチラッと見た。その際に、まず両手を体の前に持ってきて、それから腕を広げ、一方の手を伸ばしておそるおそるボールを触るような動きをした。しかしすぐに手を引っ込めた。

　母親は「この子はやりたいけれどできないのです」と述べた。ドリーはズボンをはいた両脚を使って体を前後に単調に揺らしていた。それにより、左側の方に倒れそうになったのでセラピストは彼女を支えた。ドリーがはっきりと意識して反対の方に体を向けたので、セラピストはもう一度容器を彼女の視野に入るところに差し出した。ドリーはそれを注意深く見て、右手を上げた。しかし、その手はボールに触れるように伸ばされずに、ボールをじっと見ながら、口の中に入れた。それから手を口から出して容器に手を伸ばしたが、折り曲げた指をボールの上にかざしただけでボールに触れることはしなかった。セラピストは言葉で彼女を励ました。彼女は再び手をひっこめたが、自分の顔をセラピストにキスするくらの近さまで近づけてきた。セラピストは少し後ろに身を引いて、ドリーが上手に触ろうとしていたことを承認した。

　もう一度やってみるように促されたが彼女はセラピストに関心を向けても、ボールには関心を示さなかった。彼女はそれ以後も容器に手を入れようとはしなかった[8]。

---

[8] 今日的見地からの批判的コメント：ドリーは5歳である。彼女はそれまで一度もボールで遊んだ経験がなかったので、この訓練を行った。彼女はボールが丸い球であることを知り、優しい気持ちでこの体験をすることができた。しかし、5歳であればもっと多くを学ぶことができたに違いない。たとえば、量について－ボールがいくつありますか。私はそのうちの1個を皿の上に置いた、残りはいくつになりますか。彼女は率直で、眠り込むようなことはなく、セラピストを目で追跡していた。きっともっと多くの可能性があったに違いない。そのようなチャンスを生かせなかったのは今から考えると実に残念である。

教材2： コーヒーミル
小麦 大匙 1杯
白い小皿

提供と活動を同時に行う：

　何粒かの小麦の粒を皿の上にのせて、彼女に見せ、説明し、次にドリーが感じられるように彼女の手にそれを持たせた。

　セラピストはスプーンで粒をすくってミルの中に入れ、ミルをドリーのひざの間において、彼女の関心をそこに向けさせるようにした。ドリーは部屋の中を見ていて、ミルを無視した。セラピストはドリーの手をハンドルの取っ手の上に置いて回し始めた。ドリーは何度も手をひっこめ、嫌がり、咳き込み、体をよじった。セラピストはひざの上にドリーをのせて片腕で抱えて、ミルが彼女の膝の間で固定するようにした。こうすることで、ドリーは体を後ろに引くことができなくなった。何度もセラピストと一緒にミルを回すことで、粉にすることができた。

　セラピストは、彼女が小麦を粉にしたことを説明し、ミルの引き出しを開け

 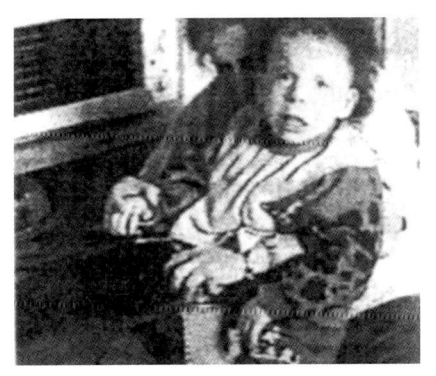

ドリーはコーヒーミルを見ている [9] 　　セラピストはドリーの手を取っ手へと導く

---

[9] このような活動の提供は今日的な見地からみても年齢に適ったものである。彼女はそれまでミルを体験していなかった。この活動は彼女の経験領域を広げることができた。自分の運動により、何かが達成され、認知的な関係が生まれる。頑張れば何かできる。それに加えて、彼女の語彙は豊富になった。

た。小麦の粉を少し取って、下唇の上において彼女がそれを味わえるように与えた。セラピストは「おいしい？」と聞いた。ドリーは咳をした。セラピストはもう一度同じことを尋ねた。ドリーは目をそらして、指で耳を押さえた。セラピストはドリーの口を拭いてあげた。もう一度数粒の小麦を唇の間から口の中に入れて、小さい声で「小麦ですよ。あ

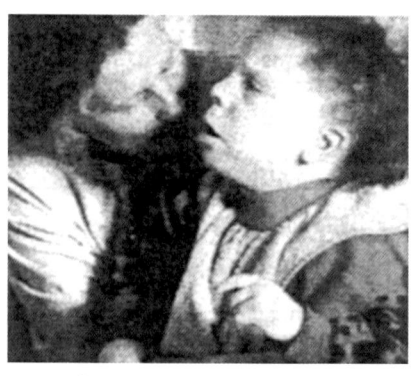

セラピストは「ほら、小麦ですよ」と言う

なたの口の中には小麦があります」と繰り返した。

　ドリーは口を閉じないが目はつぶっている。味を認識しているように思われた。小さい音を発していた。それからセラピストの方に向きを変えた。セラピストは静かな声で「小麦を食べたね」と話しかけた。ドリーはセラピストを見て、声を発した。彼女ははっきりと意識的に認識したようであった。もう一度

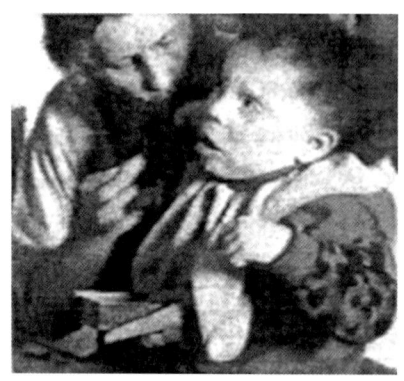

彼女は粉になった小麦を示した[10]

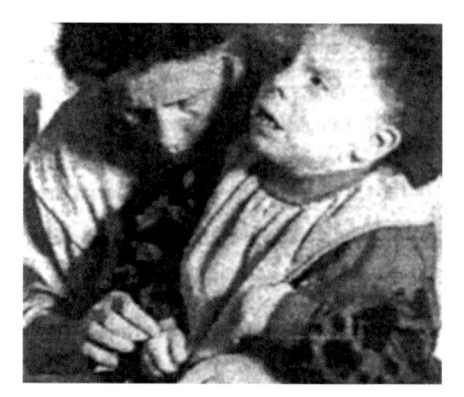

ドリーは手の甲で
ざらざらな小麦を感じている

---

[10]　この学習によりドリーは麦を挽くことの全体的印象をもつことができた。彼女は粒のままの穀物を見、一生懸命に働いて、やがて粉になった穀物を眺め、においをかぎ、味わい、感じる。そのおかげで、彼女は今やどんな種類のパンもはっきり区別できる。

何粒かを食べさせようとすると顔をそむけた。

　「食べたくなければ触るだけでいいのよ」と言って、挽いた小麦を彼女の手の甲の上に置いた。「ざらざらしているね。そう感じるでしょう」。ドリーは頭をセラピストのすぐそばまで近づけて、目を閉じて静かにしていた、セラピストは彼女の耳元で静かな声で話しかけた。しばらくするとドリーは泣き始めた。セラピストはもう一度粉になった小麦が入っている引き出しを彼女に見せて、尋ねた。「それとも、もうお片付けしたいのかしら」。ドリーはじっと聞いているようだった。そしてそっぽを向いた。セラピストは片づけた。片づけながら今していることを彼女に説明した[11]。

　ここに述べたセラピーの場面が展開されたずっと前から、ドリーに関する一般的な記述は、どこの国でもどこのデータバンクでも、またどの概説論文でもお決まりの形で繰り返されてきた。すなわち、

　「テトラソミー12p モザイク症候群のある子どもと大人は、運動機能的と知的に重度の遅れがある」。ここでは初めて彼女が何ができるかという彼女の能力のリストを上げることにする。

- ドリーは言葉を理解する
- 要求に反応する
- 新しい感覚の印象を受け入れて、それを理解し判別する
- 座って体を支えながらバランスを保つことができる
- 周囲の環境に興味を示す
- つかんだり、手を叩くことができる
- 自分の足を遊びの課題のために置くことができる（記録ではこの部分は紙面の関係で示されていない）
- 慰められることを喜び、身体接触を求める

---

[11]　批判的コメント：ドリーには彼女の幸せをもっと追求させるべきであった。彼女は自分ができることについても、文句を言ったり、咳こんだり、消極的な態度をとった。彼女にとって唯一の新しくて意味ある体験は「味合う」ことであった。
　こうして彼女の意思を制限してしまったにもかかわらず、ドリーとセラピストとの間には、良好で、強固で愛にあふれた関係があったためにそれを補うことができた。

●拒否や好意を示すことができる

2002年に、お金の価値について最初の提供がなされた。言葉で一緒にやりましょうと誘った。拒否せずに目を見開いて何度もセラピストの方を見た。彼女は「硬貨の選別」の訓練において、1つひとつの硬貨をつかむことはできなかったが、手をもって誘導されることには喜んで任せた。最後にやはり手をもって誘導されながら、選別された硬貨の1つを複写して、その横にその硬貨の値段を書いた。このような複写を1冊の「本」にした。彼女はたっぷり1時間にも及ぶこの活動の後にすっかり満足して、多分自分の仕事に誇りをもって、本を手にして、いつまでもそれを手放そうとしなかった。

2004年にドロテーの姉は、ドリーという愛称は家族の中でだけ使われるもので、外部の人は使ってはいけないということ気づいた。すぐにドロテーは私が「ドリー」と呼ぶと反応しなくなった。それは、いかに注意深く最も小さい心の動きまでも観察し、熟慮しなければならないかを示すものであった。父親は次のように語った。「身内の者は日常生活の中で盲目的関係になってしまいます」。身体的にも精神的にもハードな介護が力を奪ってしまう。母親が述べた。「外部からの目」は必要であり、大切である。それは、新しい期待を再び打ち立て直すための原動力である。

家族は力をキリスト教の信仰から得ていた。ドロテーの遺伝的な特異性は、大きい負担ではあるが、同時に最善の努力を惜しまないように彼らを駆り立てる神からの贈物として受け止めていた。

この時期に初めて、写真とそこに写って人の名前の頭文字を一致させることによって文字が教えられた。

特に母親はそれについて理解できなかった。「本当に何かができるようになるのでしょうか？」。しかし数か月すると母親自身、ドロテーがいろいろな場所で、たとえば文字がいっぱい書かれている役所の掲示板などに興味を示していることを確認するようになった。どのような言葉がお気に入りであったかというと「官僚」「保護人」「行政」「支払い」などであり、その理由は誰にもわからなかった。

セラピストはドロテーが、発音された音に目の前の文字を合わせることができ、かつ視線や親指をかすかに動かすことで、言葉の最初の文字を指し示すことができるということを経験した。はじめの頃に使った「簡単な言葉」には彼女はすぐに「飽きて」しまったが、花の正確な名称になると、もう一度関心を示すようになった。

　ある時からドロテーは新しいコミュニケーションの方法を発見した。彼女が咳をすると、彼女のわずかなアイコンタクトにパパが直ちに反応するということに気づいた。この関係ができてから、ドロテーは自分に関心を向けさせることができるようになった。「おむつがいっぱいなので、取り換えてほしい」。

　その結果、すべての身内の人が彼女の「トイレに行きたいの、お願いできるかしら」を理解できるまでになった。

　2010年に大きい転機が訪れた。技術的進歩のおかげでドロテーさんが言葉を発する可能性を手に入れることになった。母親はその時の気持ちを書いている。

目の操作によるトーカー　最初のコンタクト：

　2年前から週1回指導してくれている教師がピクトグラム（活動や状況をシンボルで示す）を使ってコミュニケーションをとることをすすめてくれるようになってから、ドロテーに新しい道が開かれた。彼女は私がそれまで一度も聞いたことのないことを語ってくれた。

　学校ではドロテーのために技術者がついてくれて、彼は彼女のために目で操作できる装置の付いたコンピュータを紹介した。（ドロテーはすでに指で物を指すことはできたが、その動きはわずかであり、偶然のこともあったので、それで彼女が本当に言いたいことを理解することは難しかった。）

　コンピュータには赤外線カメラがついていて、それが利用者を撮影するが、その際に目を反映させる。

　コンピュータにはいろいろな使い方がある。ピクトグラムや文字のキーボードなど。

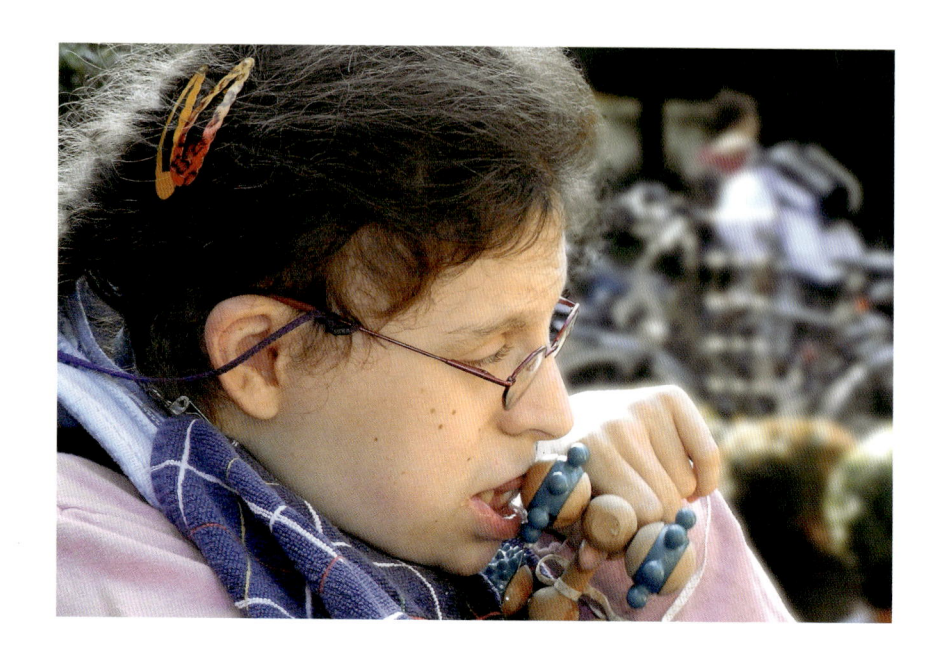

　こうしてドロテーはピクトグラムが設置された画面を見つめる。画面にはピクトグラムも示される。

　視線がある像の上に落ちると小さい点が光るのでそれがわかる。

　視線が1つの像に止まっていると、それが選択されて、言語表出機能によりそこに示された像の名前が告げられる。技術的にそこまで進んでいる。

　ドロテーが画面を熱心に見ている時（彼女はしばしばやる気がなくて、眠そうで、だらだらしている）に、われわれは技術について話し合っていた。

　　　　　　その時に突然声が出てきた。「ビールが飲みたい」

　皆が笑った。技術者はそれでは彼女がお酒を注文する前に画面をかえましょうと言って、自分のほしいものを選んで注文するというような絵に画面を切り替えた。われわれはドロテーの方を見てはいなかったが、コンピュータが声を発した。

　　　　　「大きいコップに入った飲み物が欲しい」

部屋にいた私たちはドキッとして、とても驚いた。

私はすぐに彼女のところに飛んで行って話しかけた。彼女がそれほどはっきりと言えたのは嬉しいと。そして彼女のボトルの中にお茶を入れた。

－その間に彼女はもう一度選択した。

「ナプキンをください」

（それは関連しているのでとても意味あることである。）そして彼女が実際に飲み物をもらうと、彼女は３回「はい」のボタンを視線のマウスで押した。それは「はい、やっとみんながわかってくれた！」と言いたかったのだと思う。

－夜になってから、ベッドに入ってはじめて私は、ドリーは「ビール」の絵（絵は何かの液体の入っているグラスだった）を見たときに、最初からのどが渇いているということを告げようとしていたのだと確信した。

> ばかばかしい
> 不思議なこと
> 素晴らしい !! !!

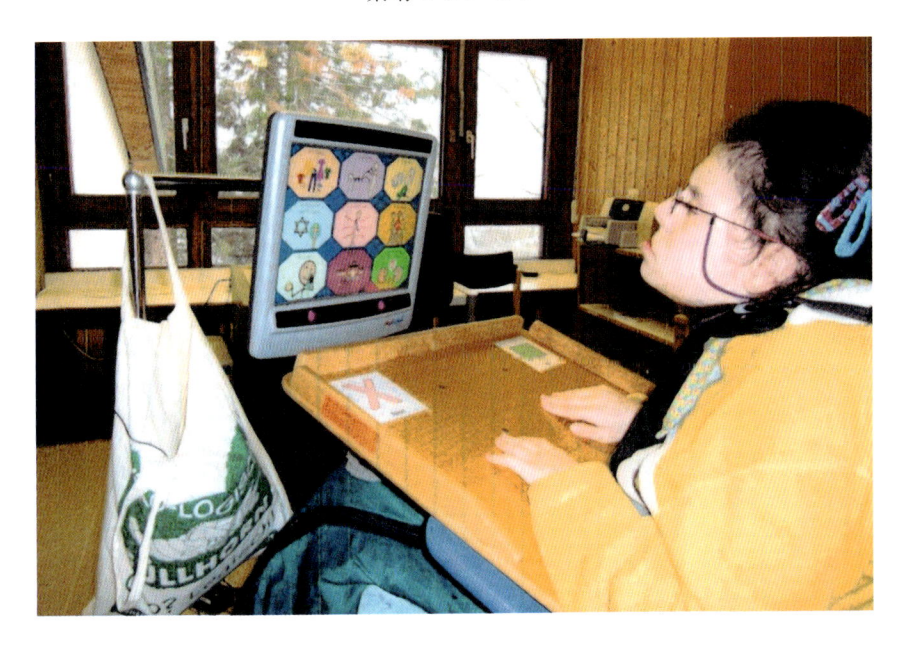

私たちの娘は上機嫌でそわそわしていた。夜の10時まで、われわれの質問や話しかけに対して私たちに視線を向けて反応した。目を覚ましていて、期待に満ちて、希望にあふれていた。

（私はこれを書いていると、喜びや絶望の以前に、彼女がどれほど長い間何かを伝えることを断念してきたか、彼女にとってその限られた可能性の中でわれわれに何かを伝えることがどれほど大変なことであるかを思って自然に涙ぐんでしまう。彼女はなにも理解していないようだと全員がそう考えていたのである。）

　今になってやっと、19年の歳月を経て、彼女はそれが決して奇跡ではないということを、われわれ皆に示すことができた。

　もちろんこのコンピュータは（われわれの事情からすると）非常に高価なものでもある。しかしながら、医療保険のレセプト（請求書）を送付してから1週間後に、医療保険団体から3か月間使用する許可が下りた。

　一緒に考えてみよう。

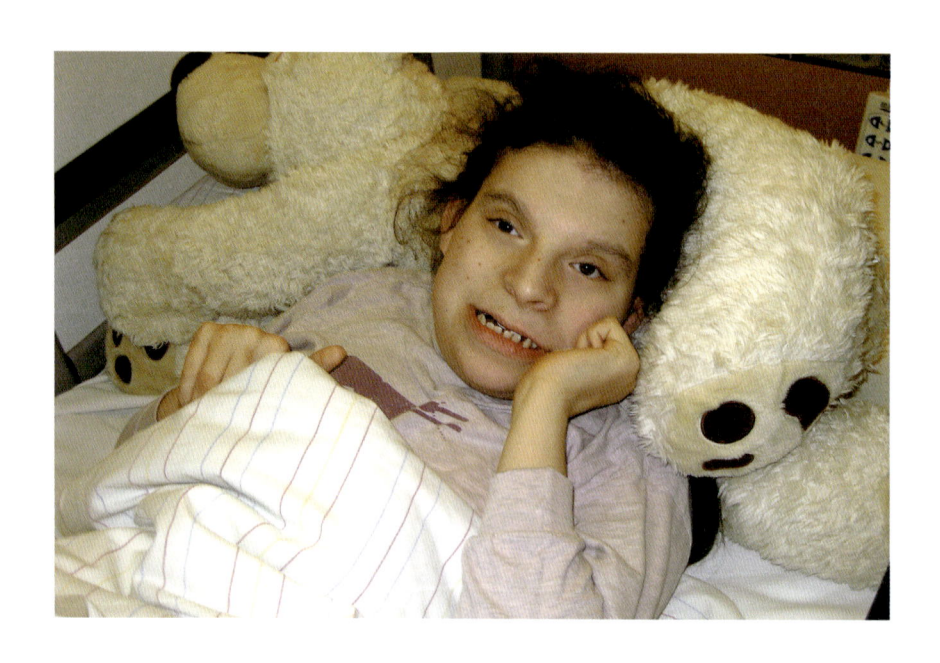

- この若い女性も他の子どもとのインクルージョンの中で育つことができただろうか?
- どのようなプラス面とどのようなマイナス面が考えられるか?
- 幼稚園や小学校はどんな条件を満たしていなければならないか?
- 限界はどこにあると思うか?

インクルージョンを成功させるための条件とは？

政策に対する要望

インクルージョンが成功するためには

- すべての官公庁と公的サービスに関わるものは国連の障害者権利条約を認識していなければならない
- すべての市町村の市町村長、議会、教育委員会、学校長などは、従来のやり方を踏襲するために「子どもの幸せ」を背後に押しやってしまってはならない
- 「子どもの幸せ」に関わる人々は、新しい提案や方法などにオープンでなければならない
- 親への信頼の本質は、親が「子どもの幸せ」を非常に大切に思っていることと、それだからこそ親は参加する権利をもたなければならないことにある

施設に対する要望

インクルージョンはそれに**関わるすべて**の人がこの目標を望み、意識的に努力するときに成功する。

- 施設の経営者：親が主体となっている小さい団体は、おそらく他の方法や考えをもっていることがあるが、より大きい経営主体に比べて財政的にも法的にも可能性が少ない
- すべての申請や決算様式を含む財政に関して責任のある人々
- すべての職員、毎日子どもと直接に関わる教育者だけではなく、用務員や調理員はもちろん、決まった時間にクラスに入る聖職者やソーシャルワーカーや音楽教師なども含まれる

場所的な条件は、受け入れた子どもの特別なニーズにより決められるものであり、常に変更可能なものである。たとえば、

- もしもドロテーのような子どもを受け入れなければならない場合には、す

べての部屋がバリアフリーでなければならない

- 子どもたちの活動が行われるすべての部屋に横になれる可能性が必要である
- お祝いや、散歩などで集まりをする場合には、彼らは他の子どもと比べてより広い場所を必要とするので十分な場所がなくてはならない
- プライバシーが守られるように、洗面所は鍵がかけられるようになっている
- トイレやおむつ台にはリフト装置がついている
- 自分の外観をチェックできるように鏡は床までの長さである
- 屋外で使用する車いすや車の置き場所には屋根がある

ヘルベルトのような子どもに関してはそれ以外に、

- 外に出る扉（とくに庭が通りに面しているときに）の鍵が誰も見ていないときに開けけられてしまったり、またうっかり開けっ放しにならによに、確実にかかっているることが確かめられる装置
- クラスの部屋に、子どもがより集中し、内的な静けさを得ることができるような静かで刺激の少ないコーナーをつくる
- 他の人たちに見られることなくてんかん発作から回復できるように部屋を他の目的に変換できる

施設が教育者のニーズにもあっている。

- 必要な研修をサポートする、また奨励する
- 必要に応じて専門家の助言を求める。求めることを許可する
- 必要に応じて労働の軽減が図れるような措置をとる　ドロテーのケースでは洗面所にリフトを設置する

施設が広報活動を行う。

- 政治的レベルへの接触を試み、自分達の行っていることについて積極的に報告し（できれば納得させる）
- 政治と連携することを通して、優れた代表者にインクルージョンの利点について指摘してもらう
- 施設に1人の障害のある子どもを受け入れる場合には、事前にクラスのす

べての親を招待して説明する。そこですべての子どもにとって積極的な意味があるということを伝えることが重要である。オープンであることと一緒に問題解決を行うことが不安や嫉妬のような感情を助長させない

教育者に対する要望

インクルージョンが成功するためには、

- すべての大人たちがチームとしての認識をもち、経験を交換し、互いに意見を出し合う。その際に自分の子どものことをもっとも長く知っていて、通常はその成長に最大の関心を払っているはずの親もそこに含めるべきである
- 子どもの関心、好きなこと、ニーズを考慮する
- 「欠陥」が問題にされるのは、成長が阻害されたり、変更が余儀なくされる場合に限られる
- 必要があれば、躊躇せずに専門家の助言を求める
- 特別な問題を解決するための研修などは当然のこととして計画される
- らせん図式[12]に示されるような効果を意識的に実現させる。積極的な働き

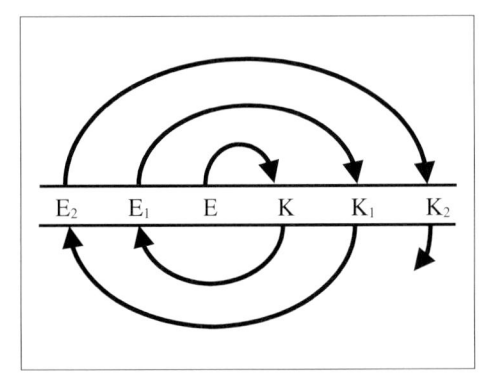

おとな E は子ども K に話しかける。彼の動機が子どもに伝えられる。

子どもはポジティブな期待を感じ、努力して要求に応えようとする。それを E 1 は、ポジティブに話しかけられ、自分の感情もそれに合わせて相手に返すことができるようなサインとして受けとる。援助の姿勢が示され、その姿勢が受け入れられる。このような相互作用を通して、両者ともに目標に到達する。

同じラセンは、拒否や制限などにより相手に対する期待や尊敬が欠如している場合には、否定的な方向に回る。

かけにより積極的な反応を引き出していく

- 子どもも大人も対応でき、かつ安心できるような明確なモンテッソーリの秩序構造が維持されている
- 選択できる状況にある子どもたちのために、「自由に選択する」権利を保留する。
- 当然のこととして、個々の子どや大人の人格を尊重する
- 相手への尊敬は、場合によってはそれを要求することもありうる

学校同伴サービスに対する要望

インクルージョンが成功するのは、

- 学校同伴により、若い人が、自立して、自ら計画して、自己責任を負う機会が与えられる場合である。それゆえ、学校同伴は、それが不要になる日がいずれ到来するときに最大に成功したと言うことができる

そのための条件として考えられるのは、

- 学級の担任教師は子ども全員に関わる
- 学校同伴は教師陣がすべての子どものために努力し、個々の生徒にとって最善となるように自分の力を解き放つことができるように教師をサポートする
- 教師と学校同伴はチームで働くが、責任は教師にある
- クラスのすべての子ども（学習遅滞の子どもであっても）が学校同伴を体験するのは、「自分１人ではこの目標に達することができない、しかし、その支援を受ける前に十分に努力した」時に限られる
- 学校同伴と教師は、目標を定めた指導と（あるいは）保護された時間的、空間的な自由空間の中で子どもたちが育ちあうのををサポートする
- 学校同伴が真の意味での同伴となるためには、少なくとも１年間、望ましいのは２年間継続することであり、家庭もその一部に組み込まれなければ

12　経済の思考は、ミュンヘン大学のシュテンゲル・ルコウスキ教授により、モンテッソーリ教育に導入された。

ならない

- 学校同伴者としては、若い経験のない人（高校卒業資格所有者、FOS の学校修了者）も年齢の高い経験者（失業中の教師、関心のある退職者）もなりうる。学校同伴者のパーソナリティとしては、落ち着いた人であり、とくに自分自身が多くの問題を抱えているために、若い人を支援するという目標を見失ってしまうようなことがあってはならない
- 学校同伴者には力量のある人からの指導、自分の仕事についての思慮深い導入、疑問や分からないことについて話し合う頻繁な機会が必要である
- 学校同伴者は担当する児童の学校の外での活動、とくにセラピーの時間などにも視野を広げて、両親と同様にその領域での重要な内容を日常生活に取り入れるように努める
- 個々のケースのニーズに応じた柔軟な契約が雇用主との間で取り交わされる

訪問ソーシャル・サービス（MSD）に対する要望

インクルージョンが成功するために訪問ソーシャル・サービスに求められるものは、

- すべての関係機関に対してオープンである
- 「子どもと関わる」すべての人との間に常時、集中的な交流がある
- 子どもは一般的なものに適応しようとするので、すべての子どもがその環境から影響を受けていることを考慮しなければならない
- 特別支援教育の領域での体験や方法や学習内容を単純にそのまま受け入れるのではなく、テーマや学級の活動の方法に適応させなければならない[13]
- 積極的な態度を持ち続ける。基礎がしっかり固まっていない時でも、学ぶことができる。より「高度の領域」でもう一度復習するのは喜びであり同時に重要なことでもある。例として、10 の位の練習をすることで、10 進法

---

[13] 論文は、「特別なニーズのある人々とモンテッソーリ教育、改革教育への刺激28」126頁（LIT 出版　ISBN978-3-643-10740-4）掲載の論文、アンデリック「共に成長し、学び、生活することは子どもの家とモンテッソーリ学校で可能である。それ以外で可能だろうか」

が確立される

- 学習遅滞児に関しては、その子どもが所属する学級との連携の中で観察することの方が「静かな個室」の中で行われる療育よりも重要であり、効果的である

より広い社会的環境における教育に対する要望

その他に、祖父母、親戚、子どもの家や学校に通う児童の親、短時間世話してくれる家族、さらに管理人、掃除をする人、商店主とその客さんなども重要である。

インクルージョンが成功するためには、

- 疑問についてオープンに話し合う。たとえば、「戸を閉めて」と言っているのに、どうして言うことを聞かないかなど

- 家庭で問題についてオープンに話し合う。たとえば、「よだれが汚いから、握手はしたくない」など

- 不測の事態が起こらないように可能な方法を探しておくように心がける。たとえば、混雑時のスーパーマーケットなどでは、「この次は…時頃に来ましょう。私ももっと時間があるから」

- 普通の当たり前のふるまいを期待し、要求する。たとえば、大人に対しても子ども（障害がある）に対しても、普通の仕方であいさつをする。決まったやり方、たとえば、親密さを示したり、愛撫したりすることはすべての子どもが家庭で体験している。「かわいい女の子（ダウン症候群）が腕をいっぱいに広げて抱き上げてほしい」というそぶりを見せる時などはまさにその時である。すぐに話しかけないで、暇ができるまで待つこと、これは（障害のある）子どもから大人に対しての場合と、その反対の場合がともにありうる

- 障害があることによるボーナスを与えてはならない。たとえば、これはとても大事なものですが、あなたが気の毒なのでこれを上げます、ということもその反対もよくない。障害のある人を無視してはならない。「どうせ彼は何も言わないし、何にも気がつかないから」と

- 偏見を排除して、友好的な関係をつくり、お互いを正しく知りあう

例外があるのか、われわれは何を信じるべきか

　1つの施設がインクルージョンはとても不可能だと結論づけたとしても、それが直ちに他の場所にも同じような否定的な評価になるとは限らない。

- 重要なのは、関係者全員、なによりも両親や教育スタッフらのチームワークである。不信感、不理解、無視などがあると子どもの福祉が守られない
- 子ども（子どもたち）の健康状態が配慮されなければならない。障害のある人も、ない人も健康な人も病気の人もいる。病気については、急性と慢性を区別しなければならない。地域社会への参加において大切なことは、健康を損なわないことである。地域社会の側からは活動の内容や感染病が流行っていないかということについての特別な配慮が必要である。衛生規則は厳密に順守されなければならない
- すべての子どもの身体的な負荷については行き過ぎて健康を害することのないように配慮されなければならない。例としては、心臓病のために末端（四肢）の血液の極度の循環不良のある子どもが屋外保育を受ける場合に、雨天の日には、命にかかわるほどの体温低下を起こしてしまうことがあるなどである
- インクルージョンは懸命な努力をしても「われわれ感情」がつくれないような場合には、最終的にやめる決断をすることがある。その原因としてはいろいろなことが考えられる。身体的な障害が重すぎる、早期の子ども時代に実りある教育がなされなかった、一方または両方からの越えがたい嫌悪感などである

ほとんどの教師たちは、子どもの特別性を尊重するということについて、制度的な可能性がまだ十分に与えられていないにもかかわらず、なお今日も努力を続けている。

子どもはどうなるのだろうか？

できることならばこれは例外にしてほしい！

　この絵は、セラピーの時間の終わりに、1人の親が子どもの問題について打ち明け、モンテッソーリ・セラピストがそれに聞き入っている間に、子どもが素早く書きなぐったものである。親との話し合いの間、女の子はそばで特別な目的なしに、1人で遊んでいた。その後、その子どもの問題を改善することを目指してある活動が行われたが、われわれはその際に、子どもの長所やその素晴らしい魂についてあまりにもわずかしか気づいていなかった。

学校同伴

仕事か、職業か、使命か？

学校同伴を始めるきっかけをつくったのは、1980年代のミュンヘンのアクチオン・ゾンネンシャインのモンテッソーリ学校にあった。ヘルブリュッゲ教授は、多種類の異なる障害のある児童と障害のない児童が一緒に授業が受けられるような最初のモンテッソーリ学校を設立した。

そこには、「援助する人だけが強い人になる」という格言があった。学級には理想的なパートナーシップが生まれた。はっきり、明瞭に話せる子どもには、まず、同じ水準で話しかけてくれる相手が必要である。同時にその両者は、多くのまだあまり上手に話せない子どもやまったく話せない子どものお手本となる。同じことは運動の喜びにも当てはまる。サッカー遊びをするにためには相手が必要である。2人は同時に床に座っている子どもにもボールを蹴って、3人でサッカーを楽しむ。取っ組み合いのけんかが起こることもたびたびある。そんな時に四肢麻痺の少女の車いすを誰が押してくれるか。

社会的な面ではとてもうまくいっていた。しかし、子どもたちの力だけでは簡単に解決できない問題がしばしばおこった。突然雨が降り出したような時に誰が車いすを押すか。全員がお腹を空かせているときに、特別に動作の遅い男の子の食事を誰が手伝うか。誰がバスで登校してきた子どもを迎えるか。誰がトイレに連れていくか。コピー機が紙詰まりをおこしたときに誰が直してくれるか。毎週、何百回もの「誰が」という問いが発せられたに違いない。

その解決策は、兵役拒否やFS年（ボランティア社会年）の制度を利用している若者の中に見出された。つまり、義務教育を修了していて、職業教育を始める前にボランティア社会年を行う者や、大学入学資格を有する者や、自分の将来の進路を決めるためにもう少し時間が必要な者などである。彼らは非常に少ない報酬で、その仕事に熱心に取り組んだ。子どもや青少年たちも基本的には了解していて、互いに喜んでいた。しかし、あまりよくない一面も明らかに

なった。それは、義務とされる時間が短いために頻繁な交代が起こり（兵役義務は18か月、ボランティア社会年は12か月）、若い、一般的に高い動機付けのある人を使い捨てにしているということであった。子どもたちも自己防衛的になって、距離をおいた態度をとるようになった。「あなたが明日来なくなると、どうせまた別の人が来るのでしょう」。こうした態度にかつての職員はとても苦しめられた。この問題は（多分）今日はもう存在してない。現在は学校同伴の制度は違ったものになっている。

　現在は学校同伴は１つの職業となっている　－どのような職業教育が必要か。　私は自分の仕事の中で多くの学校同伴者との関係をもってきたが、かれらが受けてきた職業教育には次のようなものがある（ここでは女性の職業に限定する）。

- 美容師
- 店員
- 小児介護士
- 技術設計技師
- 宗教教師
- 社会教育士
- 看護助手

- 介護助手
- 老人介護福祉士
- ホテル
- 理学療法士
- 医者助手
- 高等学校教師
- 言語治療士

- 歯科助手
- 保育士
- ヨガ・インストラクター
- サッカー指導者
- タクシー運転手
- 生物学者

　このリストは公的なものではなく、私が自分の職場で知り合った仕事仲間の職業を列挙したものである。学校同伴者の中にはかなり長い間一緒に働いてきたものもいるし、すぐに適性があまりないことがはっきりした者もいる。

　リストの中でとくに頻度の高い職業グループがあった。それはもちろん特殊な状況の下ではあったが、１か所に集中して転職したケースがあった。大きいパン屋が閉店になった時に、そこの販売員の多くが新しい仕事の領域に移った。

　学校同伴者の中には、次の教育や養成の課程を始めた者、まだ終了していない者、または終了する見込みのない者が含まれていた。それらは、

- 公務員試験の一次試験合格者
- 異なる専攻の大学生、専門学校生
- 看護師と介護福祉士

学校同伴の仕事を希望する動機はいろいろである。

- 職業生活を（さまざまな理由から）引退したが、その後も何かをやりたいと考えている
- 若者で、何をしたいかが定まっていない
- 待機期間中のつなぎとして
- 教育を受けた職業に満足できない（特に介護の領域で）
- 障害のある子どものいる母親
- 学齢の子どものいる母親
- 子どもが巣立った後の母親

私はどの場合においても、自発的にこうした難しい仕事に就こうとする人には善意があることを理解している。

一方で、インクルージョンに否定的な立場をとる教師がいるのも事実である。彼らはかつては当たり前であり、成功した昔のやり方で仕事を続けたいと考えている。1人の障害のある児童とその学校同伴者（1人の成人）が導入されることは多くの出費を生み、財政的な利点もなく、労働時間の短縮やその他のメリットもない。

学校同伴の費用が負担されている職場には、高い責任感を感じている学校同伴者たちがいて、さらに、そのような職場には、ふさわしい人材が紹介され、雇用され、すべての法的な基準が規定されていることが望まれる。

必要とされる学校同伴者の支援は多様である。いくつかの例をあげると、

- 医療的支援、セラピー場面での介助とサポート
- 自閉症の場合などでは、明確な方針に従った介助と指導
- トリソミー21や神経学上の特殊性がある場合には、必要に応じて方針に従った介助と指導
- 文化的な問題があったり、放任されているような場合に、社会的インテグレーションに向けての指導と支援

学校同伴の支援が必要とされるのはいつか

　大きい目標：インクルージョンが実現できるのは、すべてのグループのメンバー、とくにグループに所属している子どもたち全員が互いに対して責任を感じているときである。必要があれば互いに助け合うことや互いに関心をもつことなどは、たとえば1人の子どもがまだバスに乗っていないということを運転手に教えてあげることなどに示される。この「われわれ感情」は、すでに幼稚園においても強く強調されている。つまり、毎日人数が数えられる。ここには何人がいるの、誰がいないの、なぜ彼はいないの、彼は病気かしら、どうしたら彼を喜ばせることができるかなど。これらの、またはこれと似たような多くの状況下で、学齢間近の子どもに集団能力があるか、それともそこからはみ出すようになってしまうかが明らかになる。ある子どもが（日頃の状況からは）、その段階に達するまで待つことができなくて、その行動や反応の予測がつかない場合、もう1年幼稚園に残るべきか、それとも学校同伴の支援を受けながら、学校生活に入って、他の子どもたちの模範を利用することを学んでいけるようになるかどうかが判断されなければならない。

　それ以外の非常にひんぱんに学校同伴を利用する理由は、子どもの身体の状況にかかっていることが多い。1人でトイレを利用できない時、着替えに援助が必要な時、階段を上るのが不安定な時、まだ話せない時などであり、子どもが学校の中で、空間知覚に問題があるとしばしば迷子になる。

　学校同伴を利用している子どもはどのように感じているだろうか。または**子どもが期待されているのと異なる行動をとるのはなぜであろうか。** 　一例：トリソミー21の子どもが一般の幼稚園に通っている。この幼稚園の教師たちは特別支援教師の資格も持っていないし、そのための支援も受けていない。しかし、この家族とは古くからの知り合いで、年長のきょうだい達はみなこの幼稚園を卒園している。幼稚園はこの子どもを受け入れることで1名少ない子どもを登録できるのを喜んでいた。「私たちは正しくドイツ語が話せない多くの子どもを受け入れているので、このままでちょうどいい」。トリソミー21の子どもも他の子どもと同様に1名の子どもとして数えられている。この子はままごとコーナーでは2人の友達と遊ぶ（これは一般的な家族の人数が多くの場合3

人なので)、絨毯の上で積み木をする時には3人で行う(積み木は2人ずつ2つのグループに分かれて遊ぶ。3人で遊ぶのは難しい)、食事の時には、他の子どもと一緒に座っている(これはとても大切なことである。なぜなら一緒に楽しく食べることで会話ができるし、また食事をただ飲み込めばいいというものではないから)、大きい声で歌う、そして、お集まりの時間には、子どもたちが話に真剣に耳を傾けているときに、おどけたりして子どもたちの気を引くこともある。

この男の子は他の子どもたちと同様に学校に入る日を楽しみにしていた。彼はランドセルや筆箱を嬉しそうに見せた。「その日」が待ち遠しくて仕方がなかった。

小学校の1年生の教師もまた、ダウン症のある人とかかわったことがなかった。彼女は一般的に知られているようないろいろなところに問い合わせて、さまざまに異なる情報を集めた。そしてこれから起こるだろうことについての対策を立てようとした。

ダウン症候群は1つの症状である。染色体の異変(染色体の損傷)により21番目の染色体の全部または一部が3つに分かれている(トリソミー)。そのことにより、一般的に**トリソミー21**と呼ばれる。かつて、価値を低めるような呼び名だということで、今ではもう使われなくなった**モンゴリスム**(モンゴロリスム)の名で呼ばれていた。ダウン症候群のある人は原則的に典型的な身体的特徴をもっている。また認知能力については、知的障害のレベルの障害があることが多い(ウィキペディア2015.1.12−この記述には改善が必要であるとの注釈が付いている)

ラングドン・ダウンは彼の書物の中で10の重要な特徴をあげている。その後非常に多くの形態学的、機能的特徴が加えられた。子どもの外見に関しては身長、体重、頭の形や眼や耳などにみられる特徴。器官の損傷としては心臓欠陥や胃や腸の障害などがしばしばみられる。

ダウン症候群のある子どもの知的能力は非常に広い分散を示している。それは重度の知的障害から、知能が平均的であり、その他の遺伝的素材は発達に影響を与えるような側面に過ぎないというようなものにまでに幅広く及んでい

る。子どもの発達は、ダウン症があってもなくても多くの場合さまざまな要素によっている。（ドイツ・ダウン症候群情報センター：ダウン症候群－それは何か？インターネット2015.1.12）

　毎年、ドイツに600～800人のいわゆるダウン症といわれる遺伝因子に障害のある子どもが生まれている。過去数十年の間に明らかな進歩を遂げ、さらにその進歩が将来の障害者の機会を改善するのに役立つことは確かであるが、しかし、現代の業績社会の中でダウン症の人が自分の場所を確保するのは決して容易なことではない。今日もなおダウン症候群の人々が公けの場に出てくることについての躊躇や不安は大きい（衛星放送　WDR SWR）。

　教師は、この子どもを学級に受け入れるためには、専門教育を受けた者が一緒でなければならないと主張した。学校同伴者として社会教育士が見つかった。

　登校初日には母親が付き添った。子どもは母親とたびたび視線を交わすことで安心した。次の日には母親は校舎に入ることは許されなかった。社会教育上は強い責任感を持ち、危険は冒したくないと考えていた。彼女は男の子と手をつないでいで連れて行こうとした。彼はよく知らない、またなぜ手をつなぐかを説明しない女性に手をつながれることを受け入れることができなかった。彼は抵抗した。あばれて、髪の毛を引っ張り、唾を吐きかけ、彼女の腕をかんだ。

　この子どもを普通学級にインクルージョンすることは可能であろうか。あるいはそれは子どものせいなのか。このようなドラマをどうすれば防ぐことができるだろうか。3か月経った後にも、この子どもは、対処の仕方がわからないアウトサイダーとしてその学級に留まっている。「彼は、一般に知られているような知的障害があり（オスカーのような）強情な典型的なダウンとみられている」。

　私は、どの子どもであっても、障害があるなしにかかわらず、入学の第1日目は、そこで起こることについて冷静でいられることはないと思う。また、どんな子どもでも、突然1人になって、自分にとって全く受け入れられない状況に置かれるならばパニックを起こすのは当たり前であると思う。気の弱い者

は、しり込みするか、べそをかくか、しくしく泣くか、黙り込むかしてしまう。強がりは、自分のできる手段で身を守ろうとする。この男の子は強がりだったので、打ち負かされるという体験をせざるを得なかった。

　このような出来事の後からはもはや信頼の基礎をつくることは不可能である。母親は学校で起こった出来事を見ていなかった。彼女は子どもを校舎まで連れて行ったが、中に入ることはできずに、子どもは１人で中に入り、そこで学校同伴者に引き合わされた。教師は母親が学校同伴者と接触することをはっきりと禁止した。また母親によるいかなる介入も許さなかった。

　子どもの行動はその後変化していった。お調子者の悪ガキがおとなしい男の子に変わり、しばしば怒りの発作を起こした。家で彼は学校での様子を話さなかった。しかし母親は彼の宿題を手伝うことができた。彼はアルファベットを１つずつ色で塗ったり、算数では、特別支援学校の教科書やノートを独自に調達した。宿題を終えると２人はたくさん遊んだ。３個のサイコロを使ってゲームをした。１つのサイコロは点で数が示され、２番目のサイコロには数字が書かれていて、３番目のサイコロには３面に－のしるしが書いてあり、あとの３面には＋が描いてある。彼はこのゲームを通して、足し算と引き算を12の数までできるようになり、その結果を内面化した。調子のいい日には50%の正解率であった（答えが間違っていると、パールの階段や指を用いて訂正した）。小銭の遊び（Cent-Spiel）は彼のお気に入りだった。それを母親は勝敗のゲームに変えた。２人が同時にカードを引いて互いに比べる。どちらの数の合計が大きいか。合計の数の大きい人がチップを１枚もらう。チップを多く獲得した人が勝ちである。この子どもがその能力と興味を学校で示すことができる日がいつか来るだろうか。

うまくいった例：

　フラジールX症候群の男の子の就学はすべてが順調であったわけではない。母親は「運が良かった」と思っている。彼も幼稚園に通っていた。ここではインテグレーションの定員に数えられていた。つまり、５人の特別な支援が必要な子どもの１人であった（グループの大きさは15人である）。この子ども

は5か月に及ぶ家庭の協力によって、腸と膀胱の機能のコントロールができるようになったために、統合グループに入る資格が与えられた。彼もまたこの幼稚園の集団の中で居心地よく感じていて、ほかの子どもたちとも関係がつくれて、子どもをよく見て、模倣をしていた。彼の認知的発達は、同じ年齢の子どもが文字を学んでいるのと比較すると少し遅れている。彼は他の子どもがやっていたのを見ると、同じ教具をもってくる。しかし、彼の努力を誰もまじめに受け取らない。彼は砂文字を触って、動きを適当にまねてみるが、それを正しく教えてあげる人がいない。彼の友達たちが読みの分類をしていると、彼も同じことをやってみる。彼の友達に対しては間違いが指摘される。しかし、彼については、「すごいよ、よくできた」といわれて、彼のほんとうの作業能力は誰にも気づかれることがない。その結果、彼はいつもまねをしてやった気になっている。

　この状態は彼の小学校入学の第1日目に変えられることになった。クラスの教師も学校同伴者も共に彼が努力するのを期待した。話すことについては、すべての人が理解できるようにはっきり話す。書くことについては、行を少しずつ狭くすることにより、文字の大きさを一定にする。計算については、彼はまずサイコロの図を理解すべきであり、決して1から数えるということから始めてはならない。彼は一生懸命努力し、真実の賞賛に対しては非常に喜んだ。家でも他のことをする前に宿題を済ませてしまうということが当たり前になった。

　「ときどきこの熱心さに不安を感じることがあった」。しかし彼は語った。お父さんのようにバイクに乗りたい。そして彼と同じように修理もしたい。人を信頼することはできないから。一番大切なことは自分自身でしなければならない。それでも皆は「君は正しいよ」という。

　担任教師と学校同伴者は、不確実なことがあると必ず尋ねた。彼らはまず両親には彼らの知識レベルに合った情報を提供し、長年にわたり、家族とかかわっているセラピストとコンタクトを持った。

例：この子は算数の教科になると、いい意味でも悪い意味でも驚かせた。彼は足し算の答えは「ピストルから弾が発射するように」早く言った。しかし何か

を数えることになると、いつも間違っていた。彼は笑って、数えるべきものをきちっと見ないで、「ばかばかしい」とだけ言った。褒美を上げるという約束も、罰で脅かすと言っても彼の行動は変わらなかった。

　セラピーの観点からこれは簡単に説明できる。彼の最大の問題の1つは、2つの感覚系路の認知の問題である。見ることと、1つずつを指さすこと（1つの点から次の点に移る）と同時に話すことをつなげることに問題がある。彼の視覚的な認知は本質的に彼の運動能力より早い。こうした状況にあっては正しい答えを知ることも、それを言語化することもできない。われわれは何かの補助的な教材を見つけなければならなかった。たとえば、古典的なモンテッソーリ教具である色付きのビーズの階段など。この教具では、10までのビーズは同じ色になっている。そこで次のように決める。緑は2を意味し、白は7を表す。1つずつを数えることをしないで、2 + 7 = 9を暗記して学ぶ。そうすることで、彼はわれわれと同じ行動をとることになる。われわれもいつの日かこれとは違う方法であってもそれを内面化する。われわれのうち誰も指を使って数を数える者はいない。

　両親、担任教師、学校同伴者、モンテッソーリ・セラピストの間の信頼しあった協力関係は、異なる知識の交換を可能にし、それぞれに助けとなった。両親にとっては、最大の関心事であった息子が楽しく、成果を上げて学べるようになったことであり、担任教師にとっては、望ましい成果を上げることができるような新しい方法が見つかったので、任されている授業の責任をよりよく果たせるようになったことであり、学校同伴にとっては、この学ぶことが大好きな子どもが、いつもフラストレーションを感じるような状態から、学習の目標を次々に達成し、指導しやすい子どもになったことである。しかし、もっとも助けられたのはこの男の子であったに違いない。

もう1つの成功例：

　トリソミー21の女児は幼稚園の集団の中にいてとても幸せであった。彼女には一緒に落書きをするような友達がいて、就学準備のクラスで一緒に過ごすことを喜んでいた。彼女は与えられた個別的な課題を楽しんで取り組んでいた。

左手で紙を、右手で鋏をもってまっすぐに切ること、両手を同時に使って曲線を切ることなど。子どもたち全員は、一緒に学校に行けると思っていた。

しかし、それはそう簡単にはいかなかった。地域の小学校は受け入れを拒否した。彼女が入ろうとした学級はすでに定員がいっぱいで、特別に配慮の必要な子どもをもう1人受け入れることは負担が大きすぎた。

担任教師はこの決定は仕方がないと思っていた。しかし、両親はどうだろうか。そして本人は。このような拒否に対して最初は強い疑問を感じ、それはほとんど絶望に近かった。

しかし、その時「救いの手」が差し伸べられた。1年生のクラスの人数が17人という学校が見つかった。幼稚園はある学校同伴者を紹介した。彼女はこの幼稚園で非常勤として働いていたので、彼女のことをよく知っているだけではなく、幼稚園の生活で見られた困難などもわかっていた。

子どもはこの学級の18番目の生徒となった。担任の教師は1年生を受け持つのが初めての非常に若い人であった。教師は常に子どもたち（全員）から非常に多くを要求した。そして自分も子どもたちの答えが正しかったかそうでなかったかの結果についてもただちに返却した。彼女は両親に対しては、子どもたちが宿題を1人でできるようになるまでは、集中的に協力することを望んでいた。宿題は広範囲に及び、難しいものであった。毎日、Ａ４、1ページ分の読み、書き、計算があった。

彼女は家族に対してトリソミー21があるので、個別的な授業単元を適用しないで、負担を軽減することを提案した。しかし、子どもも家族もその提案を受け入れたくなかった。

やがて子どもは2学年に進んだ。1年の時と同じ条件であった。彼女の成績の状況はクラスの3分の2に含まれるものであった。依然として学校同伴者の支援を必要としていた。次のような時に支援が必要であった。休み時間の少し前になると、集中力が続かなくなり、黒板の文章を最後まで書き写すことができなくなる。一度説明があってから、もう一度説明を受けても計算のやり方が理解できない時、急いで努力しても正しいノートのページを素早く開くことができない時、手芸のクロスステッチで、クロスにならない時などである。彼女

はとても頑張り屋なので、他の子どもと同じでありたいと思っている。できないと腹を立てる。学校同伴者は子どものすぐそばに座って、いつでも対応できるようにしているわけではない。彼女は学級の良い雰囲気をつくり、援助が必要であり、意味があると思うところではどこでも援助の手を差し伸べる。

まとめ：

　上に述べた3例のうちで2例は幸運な援助ができた（他にもそうした例もまだたくさんあるが）例である。成功するための条件は何であろうか。

- 関係者全員が互いによく知り関与すること
- 信頼関係を築くための十分な時間があること
- 自分の意見や行動について再検討する用意のあること
- 子どもの幸せのために、必要があれば変更すること

丁寧な打ち合わせ：

- 担任教師と両親との間で－どのような条件が可能かまた必要か、援助はどこで必要か、何を試してみるか
- 両親と学校同伴者との間で－子どもの行動に対して両親はどのように反応するか、両親の行動様式は継続すべきか、そのままでいいのか
- 担任教師と学校同伴者との間で－担任教師は学校同伴者から何を求めているか、学校同伴者は子どものためだけではなくクラスのために行動しなければならない
- 両親、教師、学校同伴者、セラピストの間で－医学的、身体的、心理的にどのような状態であれば可能か、何が必要か。支援が提供されているか。このインクルージョンの目的は何か。今の状況は目的にかなっているか、その反対か

　本来、最初に述べるべきであったが、最後に言いたいことは、
一番大切な人、すなわち子どもを参加させること
「うまくいっていますか」
「それであなたは満足していますか」

「わたしは…の理由でこれをすすめます」

「わたしは…がとても大切だと思います。一緒にやってみませんか」

「クラスのみんなが…を望んでいます。あなたが…について協力してくれるのありがたいし、とても大切です。あなたたちのこの素晴らしい成果はとても嬉しいです」

「ありがとう」

私は関係するすべての人が喜んで協力し合い、素晴らしい成功を収めることを願っている。

マリア・モンテッソーリはわれわれに何を語っているか

「ある人が、行儀が良く、ひんしゅくをかったり、人に不快感を与えることのないようなとき、その人のことを「いい育児室を経験した」とよく言われる。彼は生後の数年の間に、その後の共同生活において必要となるような習慣を身につける。モンテッソーリ子どもの家は「よい育児室」でなければならない。子どもに正しいやり方を見せることにより、子どもがいろいろな活動ができるように導く。ここでは活動の1つひとつの部分に十分に注意を払う。モンテッソーリはそれを「運動の分析」と呼んでいる。「すべての完成された行動は、互いに関連しあうはっきりした部分から成り立つ。すなわち、1つの部分は次の部分につながっていく。この互いに関連しあう動きを理解し、正確にまた別々につなぎながら実行することが運動の分析である」[14]。「この活動をやり遂げることが子どもにとって意味あるものとなるのは、それが正確に実行される場合である」。「子どもの人格の形成において子どもが指向するのは完全さである[15]。そのような正確さを育成することは決して、杓子定規や、技巧的な動きを意味するものではない。むしろ、精神の現存と優雅さや容易さをもたらすものである。教師は堅苦しかったり、もたいぶったりするのではなく、いきいきと、興味を誘うように、柔軟にこの練習を提示する」[16]。

ここで疑問になるのは、どの練習についてマリア・モンテッソーリとヘレーネ・ヘルミングが述べているのかということである。まず、たとえば「ファスナーを開けたり閉めたりする」というような純粋に運動機能の練習を言うのだろうか。この練習はさらに自己意識と自己尊重感をもたらす。子どもが1人で洋服が着れるようになったり、まだ自分でできない他の子どもがジャンパーを着るときに手伝ってあげるなどである。

---

[14] Maria Montessori, Pedagogie scientifique, 71 頁
[15] 同書　701頁
[16] ヘレネ・ヘルミング「モンテッソーリー教育」中の論文「日常生活の訓練」35頁

「幼い子どもは、みずからが運動の主人であり、その主人になろうとするときにはじめて、父親や母親やその他の大人の行為を模倣することを始める」。「この練習は子どもの人格の構造化とかれの社会的教育を助けるものである」[17]。

さらにそれはただ練習のみにとどまるものではない。それはむしろ、その子どもが観察し、受け止めた、子どもや人々や対象物との個人的なかかわりである。

幼児の成長は内的な設計図に従っている。掴むことができるようになり、寝返りがうてるようになるとようやく、腹ばいや、這ったり、歩いたりすることができるようになる。寝返りや腹ばいや這うことなどを子どもは親がするのを観察したわけでも、模倣したわけでもない。それは子どもの遺伝子が規定した発達計画によるものである。歩くことはそれとは少し違う。歩くのは遺伝的要素もあるが、周囲の模倣も一緒に関係している。

子どもは動くことが楽しい。突然興味の視野が広がり、ただ動かない対象物だけではなく、両親の行為にも及ぶようになるとそれを模倣するようになる。

マリア・モンテッソーリはこのことを正しく観察していた。そして、小さい子どもが子どもの家に入園してくると最初に、子どもの認知をもう一度歩くことへと向けるようにした。「私はこのお部屋でどのように歩くかをあなたに見せてあげましょう」。これは最初の提供である[18]。

通常、子どもがそれまでに身近に経験することがなかったような、他のレベルや見方で歩くように導く。座るときに床のどこにどのように足を置くか。座る場所が空いているか、十分の広さがあるか。一歩の幅を長くすべきか、短くすべきか。腰掛けるときにかかとだけを床につけるか、足の裏全体をつけるか。子どもの姿勢全体がどう適応しているか。

さらに、常に新しい感動が与えられるようなさまざまなバリエーションを用意する。たとえば、はだしで歩くとどのように感じるか。分厚いソックスを履

---

[17] 同書　35-37頁
[18] AMI　モンテッソーリ養成　教師マリア・ルートによる。

いたらどうか。ママの靴ではどうか、サンダルでは、ゴム長靴では、という具合である。絨毯の床または木の床でどう感じるか。アスファルトまたは苔の床ではどうか、石ころ道と泥道ではどうかなど。

　意識化され、言語化されさえすれば無数の感動が子どもを認知的に刺激し、豊かにする。子どもは環境に対して新しい方法で自分の感覚を開き、この環境の中で独自の人格を体験し、それを尊重し愛することを学ぶ。彼の動きはより注意深くなり、確実になり、優雅になり、その状況にさらに適合するようになる。これこそをわれわれは「良い子どもの部屋」に期待しているのである。

　「私がもしも外国語圏に属していて、なにか特別なことを伝えたいと思うとき、私は一体何をするのだろうか。たぶん、我慢できなくなって、大声を上げるかもしれない。

　同じことが1－2歳の子どもにも当てはまる。子どもが1つの言葉でわれわれに何かを理解してほしいが、それがうまく言えない。すると、なぜかわからないような不機嫌さや激しい苛立ちをみせる。子どもは言葉で表現できないので、唯一の表現方法が怒りなのである。怒りは言葉を見つけようとするがうまくいかない努力の現れである」[19]。

　マリア・モンテッソーリはこの1－2歳児についてこう述べている。「*この子ども、この小さい人間は、自立するために絶え間なく戦っている*」。

　人間の精神はまず運動機能から独立する。吸収する精神は知覚し、受容し、感受し、貯蔵する。

　受容され、貯蔵されたものを表出するために運動機能が重要である。1つの考えや言葉を表出するには、よく発達した、繊細なそれぞれを規定するような運動機能が必要である。大量の空気が喉を動かすために用いられる。決まった音を出すために、口の筋肉は唇やあごや舌を動かしている。精神が運動機能より早く発達する傾向が人間にみられる。それは、人間性をより発達させるための柔軟性が与えられているということである。

　運動機能の発達の速度と分化は個々の人間の遺伝子によりあらかじめ規定さ

---

[19]　マリア・モンテッソーリ「創造する子ども」ヘルデル社　114頁　論文「言語のアピール」

ている。われわれができることは発達を支援することに限定される。絶えざ
る、集中的な、外部からの強制的な訓練が筋肉を強化することで、「患者」が
何度でも「自分の問題」に向き合えるように導く。彼が内発的な動機づけを
もって訓練を始めるときにのみ「めでたい成功」が得られる。

このような認識は、トリソミー21やフラジールX症候群などの遺伝的な特
異性[20]をもつ子どもとの活動に関する多くのビデオ観察からも明らかである。

マリア・モンテッソーリは「子どもの発見」[21]の著書の中で次のように語っ
ている。「私は、4、5歳児に限定して、教師に頼んで厚紙で切り抜いても
らったアルファベットの2、3個の文字を示して、その際に声を出してその文
字を読んだ。それはアルファベットの順番ではなかった。さらにこの文字をサ
ンドペーパーから切り抜き、子どもがそのかたちを指でなぞることができるよ
うにした。私たちはその際の子どもたちの驚きを理解していなかった。子ども
たちはまさに行進を行い、切り取られた文字をあたかも皇帝の旗のように掲げ
て歓喜の叫びをあげたのである。なぜなぜだろうか」。モンテッソーリはそこ
に敏感期を見出した。敏感期はすべての子どもに該当し、今日、われわれが
知っているように、運動機能とは無関係である。子どもたちはこの年齢[22]にな
ると、文化技能としての読むことや文字のかたちや名前に興味をもつ。実践現
場でわれわれは何度も「まだ話せない子どもたち」の内発的な動機付けが発達
し、要求される音を発することができるようになるまで練習しているというこ
とを体験してきた。子どもが言葉で示せるようになれば、それは素晴らしいこ
とである。これは私の名前のアネットの最初の頭文字「ア」です、と言うよう
に。

すべての子どもは心を打ち明けたいという欲求をもっている。運動機能の能
力には個人差がある。このことは、すべての子どもに可能な限りインクルー
ジョンを実現したいというわれわれの目標を達成するために何を意味するか。

---

[20] ミュンヘン大学シュテンゲル・ルコウスキ教授とローレ・アンデリックとの共同研究
[21] マリア・モンテッソーリ「子どもの発見」クレット・コッタ出版、論文「書くことと読むことの
授業の開始」183頁
[22] 著者の見解では、本質的にはもっと早く、多くの場合はすでに3歳から。

われわれがしっかり意識していなければならないことは、子どもの精神（その年齢によらない）は、身体がまず運動機能的に表現できるよりよりはるかに多くのことを受け入れているということである。もしも環境をそのように整え、われわれ大人が準備された環境の重要な一部であることを認め、われわれがその適切で注意深い動作と子どもへの質問によって、ここで問題とされるテーマを扱うならば、「より高い水準」でのコミュニケーションは達成できる。

　その場合に「閉ざされた質問」が正しいとされている。それは、「はい」または「いいえ」だけで答えられるような質問のことである。「はい」と「いいえ」は言葉で言うのではなくて、そっぽを向いたり、親指を動かしたり、一定の方向を見つめたり、目を閉じたりすることで示される。こうしたすべての表現方法は、グループのメンバーが一緒であるための前提条件であるコミュニケーションを可能にするものである。このために文化的技能としての読むことの知識は絶対的に必要であろうか。答えは、「はい」であり、同時に「いいえ」でもある。われわれが暮らすこの世界は文字であふれている。多くの文字で書かれた情報は当たり前のように受け入れられているので、それについてはもはや「誰も話さない」ことになる。それゆえ、もしわれわれが敏感期を活用しなければ、これらの情報は失われることになる。

　「子どもの社会的問題が存在する[23]*。かなり前から子どもの見方について大人がまちがっていたとわれわれは繰り返し述べてきた。*

　大人が子どもの創造主であり、子どものためにすべてをなすべきであると思い込むという大きい過ちを犯してきた。大人は、子どもを大人が満たしてやるべき空っぽの器であるかのように見てきた。

　大人は自分が創造主であると思っているが、彼は本来創造の奉仕者でなければならない。彼はあたかも自分の意思に子どもが盲目的に服従しなければならない独裁者のようにふるまってきた。大人は自分にとって社会的問題であるとみなす状況が子どもにとっての社会的問題であるとは認めてこなかった。

---

[23]　マリア・モンテッソーリ「平和と教育」平和の実現のため教育の意味、ヘルデル社　論文「平和への意思を強めるための教育の普及の必要性」87頁

問題は、多くの現代の教育学者が考えているように簡単に解決できるものではない。彼らの主張は、「子どもが望むとおりにさせなさい。子どもに自由を与え、人間性のこの部分を尊重しよう」というものである。しかし、そうすることで、われわれは世界を逆立ちして眺めることになり、子ども革命を体験しようとすることになる。しかし、われわれには解決されるべき問題、とくに教育の問題があるということを認めなければならない。われわれにとっては教育とは学校が理解しているように授業を意味するものではない。われわれが考える教育は、従順を擁護するのではなく、生活を擁護するものである。教育は子どもの誕生の瞬間からその精神的発達を支援するものでなければならない」。

　多くの両親は現代においてもなお、新生児がすでに受容し、活動しているものが何かを知らない。秩序や構造はすでにこの時期に子どもに組み込まれ安定性を与えているということを知らない。子どもが教育者のもとに来る前からそれは活動を始めている。どのような保育所か子どもの家か学校かとは全く関係がない。1日1日が子どもに多くの経験をもたらし、その経験が脳の発達と思考と感情に影響を与えている。

　ベルンハルト・ブーブ[24]は長年寄宿学校サーレムの校長であった。彼の観察によると「子どもたちが放任される理由にはいろいろある。愛情のなさと無関心、親の冷淡さ、権威主義、アルコールや薬物依存、社会関係の劣悪さなど」。これらはいわゆる古典的な理由である。しかし、何時の時代にも子どもや青少年が愛したり働いたりする能力をもてないのはなぜだろうか。裕福な状態をうまく利用できない子どもたちがいる。彼らは社会関係から疎外された子どものように誰からも関心を向けられない。誰も真剣に彼らのことを考えない。彼らはすべてが与えられる世界に導かれ、過剰を否定することを教えられてこなかった。彼らは控えめな経済関係のもつ秩序ある力というものを体験してこなかった。

　最近は新しいタイプの甘やかしが広まっている。それは耐え難いような自己

---

[24]　ベルンハルト・ブエブ「規律の賛辞 − 論争論文」リスト出版社　論文「規律には治療的な効果がある」64頁

中心的な要求行動で示される。これらの子どもたちは多すぎる愛情と少なすぎるしつけを体験している。子どもたちは情緒的にも物質的にも絶え間ない自分に対する献身を要求し、断念するということを学んでこなかった。彼らの生きる上でのモットーは「わたし、ぜんぶ、すぐに」である。子どもたちは普通の人間関係の中で育った。彼らには愛する両親がいる。しかしながら限界や努力することを知らない。また、しつけや明確な指導というものが必要であることも体験してこなかった。両親、とくに過保護な母親が子どもの歩むべき道をすべて用意し、常に子どものために付き添っている。

　最後に述べたような甘やかしは、障害のある子どもにしばしばみられる。私はそのことを両親を非難するために述べているのではなく、状況を説明をするために述べるのである。

　親は誰でも健康で、正常で、頭が良くて、外見のいい子どもを望んでいる。しかし、誕生の時またはその後の発達で、思い描いていた願いが叶えられないことがはっきりしてくると、親は、最愛の人の突然の死に遭遇したような深い悲しみに陥ることになる。疑いの時期は時間とともに、怒りの時期、否定の時期、何も知りたくない時期、取り繕う時期、罪悪感の時期、鬱の時期へと移っていく。しかし子どもの状態によってさまざまに異なる義務や心配や課題により、時間的に追い詰められているので、多くの場合、親は自分自身のニーズや自分たちのつらい心の傷からの救いのためには、もはや力も時間も残っていない。

　こうした子どもたちはマリア・モンテッソーリが提案しているような準備された環境の中で成長することはなく、むしろいわば繭の中に閉じ込められた状況で、そこではすべての「困難な世界の苦難」から保護され、そのおかげで暴君のように育つことができ、世話をし、配慮する親の自己犠牲のもとに誰からも関心を寄せられず、他人への理解のないままに過ごすことになる。

　繰り返して言うが、これは決して親を非難しているのではない。ただ問題のある子どもの両親に対する私の切実な願いは、互いに尊敬と関心を持ってほしということである。そうすれば必ず愛情や尊敬や生活の勤勉さなどは育つことができるからである。

さらに、遅すぎるということは決してない。しかしながら、「刻み込まれた行動」を変えることは非常に困難である。社会的な不確実性のようなものがあり、それが子どもが何かに関わることを妨げている。子どもは文字通りに自分と自分が思い込んでいる権利を守るために常に「身構えて」いる。そのために落ち着かないし、集中することもできない。

　この理由から、まず、はっきりした限界と、子どもに正しい方向を示すための方針を設定することが必要である。最初に２つの異なる練習から１つを選んでもらう。その際に彼が一度うまくできたものを提示するように調整する。この「自由な選択」をさらにひろげて、「あなたはこの前に一度選んだから、こんどは私が選びます」。こうしてゆっくり、しかし確実にしごととの関係を教えていく。子どもがしばらくすると静かになり、自分自身を評価することを学び、何かを決断できるようになり、さらに数年を要するかもしれないが、真の集中ができるようになるのを観察するのは実に素晴らしいことである。これは長い、関係するすべての人にとって厳しい道のりである。しかし、これこそが、子どもを誤って理解されている自由の袋小路から真の自由へと導くための道なのである。

　「われわれにとって、教育とは生活に対する従順を擁護することである」。そのことをもう少し正しく表現することはできないだろうか。

逸脱と正常化[25]

　マリア・モンテッソーリは子どもの成長を促す２つのエネルギー源を想定している。１つは身体、特に筋肉のエネルギーであり、運動に現れてくる。もう１つは知能や意思の精神的エネルギーであり、究極的に非物質的力で表される。当然ながら、この２つの力は生きている器官の中では決して完全に分離しているものではない。この全体の両サイドが身体的な成長の過程において完全にまたは部分的にその共同作業を妨げられている場合に、正常化からの逸脱と

---

[25]　E.M. スタンディング「マリア・モンテッソーリの生涯と業績」エルンスト・クレット出版社
　　　シュツットガルト　162頁

いう結果がもたらされることになる。さらに次のようなこともおこりうる。

身体的と精神的な逸脱

　正常な身体的な成長からの逸脱としての、たとえば、口蓋裂や内反足や背中のこぶといったような奇形については誰でも知っている。こうした身体的な逸脱は、一般的には環境上の何らかの不利な要素によるものか、遺伝的欠陥によるものである。いずれにせよ、成長の力が本来の目標がめざす正常な方向からそれていて、個人は「そのモデル」に到達していない。もしわれわれがマリア・モンテッソーリと共に、「内的な方向づけ」による精神的成長が「そのモデル」を目指すということを認めるのであれば、正常からの逸脱をもたらすような精神的次元での発達の欠陥も当然ありうることである。より厳密にいえば、この比較は一部分にしか当たっていない。というのは身体的な逸脱であれば原則的に目にすることができるし、事実、身体的な正常化についてわれわれは、ある種の「内的なイメージ」を持っているので、それにより、あらゆる正常からの逸脱に直ちに気づくことができるようになっている。精神の正常からの逸脱についてはそれほど明確に認知されていない。それはある意味で正常から逸脱している行動からのみ結論付けられる。しかしながら、ここに困難な点がある。つまり、それは身体的な逸脱に匹敵すような明確で一義的な精神の正常というものについてのイメージがないことである。

子どもの発達において逸脱はどのように起こるだろうか。

　第1に、子どもが自発的に行動しようとしてそれを阻止されるとき、次に、大人が子どもの意思を無視して不必要に自分の意思を押し付けるときである。さらに3番目に不適切な状況が生じるのは、自由に任せられた子どもの中に2つのエネルギーの流れがうまく調和できていないことがある。両親がイライラして叫んでいるのをよく耳にする。「静かにしてちょうだい。おしゃべりをやめてちょうだい。どうしてちゃんとできないの」。それに対しての悲痛な答えは、「それならば一体どうすればいいの。何もできないじゃないの」である。マリア・モンテッソーリは、そうされると子どもはやる気を「削がれる」こと

になると考える。つまり、子どもは内的な力に駆られているのを感じ、それを実現したいと思うのに、どうしたらいいかがわからないからである。

子どもの逸脱の形

　2つのグループに要約することができる。

　嘘つき、引っ込み思案、喧嘩好き、大食い、吃音、破壊的怒り、不従順、いろいろな種類の不安、その他多くの似た状況がある。これらのよく知られた好ましくない特長以外に、マリア・モンテッソーリは、ほとんどの人が正常とみなすようなある種の行動についてもそれが異常であるとみている。たとえば、何でも1人占めにすることや、子どもたちがあたかも空想の世界で暮らしているかと思われるほどに肥大化した空想力などである。さらに、相手の答えを期待しないで、ひっきりなしに質問をし続ける子どももいる。また、自分の周囲の誰かに極端に依存し、その人なしには何もできなくなっている子どももいる。マリア・モンテッソーリが、多くの心理学者らはこれらの状況を早期の子ども時代にみられる特徴であるとしてきたのに対して、逸脱の特徴であると述べたことは実に驚くべきことである。

しごとを通して正常化にいたる

　正常化は常に同じやり方で達成される。モンテッソーリのクラスにおいて逸脱した子どもは秩序ある静粛な調和した雰囲気を体験する。そこでは逸脱があるかどうかは問題ではない。おそらく、半日くらい教室の中をうろうろ歩き回る。すぐにこれを少し、あれを少しとやってみるが、どれも「断片的で長続きしない」。気をつけていないと、他の子どもの邪魔をして困らせることもある。おそらく人の言うことを聞かないし、まったく自己抑制が効かない。つまり、彼は外部に向かっては社会的環境と、自己の内部では自身の形成されつつあるパーソナリティの力と戦っている。このリングは長く続くことも短く終わることもある。長くても短くてもいずれは必ず終わる。教師が子どもに敬意をはらい確固たる態度で臨んでいるならば、ある日必ず自発的集中に至り、しごとを正しく行えるようになる。

これまでの述べてきたものを要約してみると、どれもまさに現代の問題に直結している。

- 子どもの現実的で愛情あふれる教育というものは確かに1つの芸術である。多くの人々は、親であれば子どもが生まれた時からそれは当たり前にできていると主張する。しかしその際に忘れていることは、すべての人間はもっとも早期の子ども時代からの体験により刻印されているということである。自分自身が体験してこなかったことは、当たり前に相手に伝えることはできない。

   教育が学校での具体的な学習内容であるとするならば、それについてはまだ多くの点で改善の余地がある。

- マリア・モンテッソーリは2つのエネルギーの源について述べている。1つは身体の、特に筋肉エネルギーであり、運動によって表現される。他の1つは知能と意思のエネルギーであり、非物質的なものである。

   要求されたり、投入される筋肉エネルギーが精神的活動と調和していないことは日常的に体験するところである。通学路の例で見てみよう。多くの親は、もし可能ならば、通学路をできるだけ楽にして（親子両方に）、校門のすぐそばまで自動車で送ってあげると、子どもの負担が軽くなると考えている。

   家から車までと、車から校門までの数メートルには努力は不要である。しかし、これでは2つの次元でのウォームアップがなされないことになる。つまり、学校につくと教室では「静かにしていること」が求められるために、子どもの運動欲求は阻害される。精神的エネルギーはどうであろうか。意思と知能は「始業のチャイム」とともに作動することになり、通学路にある集中力を要するいろいろなもの、たとえば横断歩道の横線などを観察しながらゆっくり登校することは不可能である。

- マリア・モンテッソーリが述べているような身体的逸脱は、われわれが見るところでは今日ではそのほとんどがなくなっている。われわれは「やり方のモデル」というのをつくりだしている。しかしそこでは内的な想像力は何の役にも立たない。わからない、できないから戸惑いが生じ、残念な

がらしばしば悪い方向に行ってしまう。もし、われわれ全員が視野を広げて、生活には多くの局面があり、すべてにおいて良いという人はいないし、どれにも良い面と悪い面があるとするならば、事態はだいぶ改善するであろう。

● 運動の身体的エネルギーと、知能と意思の精神的エネルギーの2つのエネルギーの流れがうまく調和していないことがある。子どもは不快さを感じ、この状況をどのように解決したらいいかわからない。さらに残念ながら近代産業社会で暮らすわれわれ大人にもわからない。つまり、よく言われるように、「昔はもっと単純だったしもっと良かった」ということかもしれない。

産業は、われわれに時間を節約させ、われわれがじっくり考えなくてもいいように計らい、さらにわれわれのための計画まで立ててくれる。これは赤ん坊の食事に始まり、完全な遊びの提供にまで至る。

最初に匙で食べさせる食事は「ビン詰め」からである。多くの母親は「中に何が入っているか」を詳しく読む。子どもにとってはどうでもいいことである。おいしければ、なんでもいい。

以前はいろいろ考えて行っていた。何を最初に食べさせたらいいか。季節によりそれは異なっていた。多くの場合ジャガイモが手元にあった。それにバター少々または黄卵を加え、ミルクを数滴、水少々、塩少々を加える。この準備をしている時間は同時に赤ちゃんと集中的に認知的な関係をもつ時間でもあった。もちろん赤ん坊がいつもそばにいたというわけではなかったが。ジャガイモをやわらかく煮て、それをつぶして、赤ん坊が食べられるようになるまで冷めるのを待つということが、子どもと大人との間に非常に親密な時間を作り出すことになった。これは果たして、今日、より単純でより良いやり方といえるだろうか。

● しごとによる正常化は、われわれの今日の社会ではあまり適切な表現であるとは言えない。子どもの労働など児童の権利条約の7項目は、いかに子どもたちを搾取や暴力から守ることができるかに限定して述べている。子どもたちの保護については誰もが関心を寄せるものである。しかし、その

目標については時々問題にしないことがある。モンテッソーリにとって「働くこと」はどのような意味をもつか。彼女は、働くことには、子どもが働くことにより人格を形成することができるということに価値があると考えている。

マリア・モンテッソーリは、働くことについて、その重点の置かれ方はその都度違ってくるが、身体的と認知的な活動の結合であると理解している。日常生活の練習を例に考えてみよう。

食卓を用意する。

このしごとはわれわれの社会の文化の下では、何人かが集まって一緒に食事をするような場合にはかならず必要になる。

しごとは次のように成り立っている。

- 人に関する認識：誰が参加するか
- 言葉による関係：ほしいものをどこでどのように手に入れるか
- 考察：何が、どのように必要か
- 空間的認知：それはどこに置けばいいか
- 身体的努力：事柄を遂行する
- 身体的器用さ：ぶつからないように、落とさないように
- 文化に関する考慮：個々のものはどこに正しく並べるべきか
- 個別の人に対するとくべつな配慮：他の人と違った置き方が必要な人はいないか
- 美学的な点検：しごとは美的感覚により確認されているか

このようにごく一般的な例から見ても、子どものしごとはモンテッソーリの観点からは重要である。運動に関する多様なトレーニングの可能性は、包括的な認知的訓練と連携している。

子どもに「逸脱」が認められるとき、別の表現では、子どもにある症状が現れるときには、ある1つのしごとによってのみその改善が可能になりうる。ただし、しごとは真剣に期待され、子どもがそれを実行するのでなければならない。

- 人格に関連した認知はある種の社会的な「われわれ感情」を要求する。そ

れは「わたし、ぜんぶ、すぐに」という公式とのバランスをとるものである。

- 言語的接触は、他者の認知、しかもそれはただの言語的だけではない視覚的の認知をも要求する。人格を尊重すること、耳を傾けること、話されたことを受け止めることなどで。これらは気づく能力を強化するものである。

- 空間認知にはさまざまなものが含まれる。テーブルには何脚の椅子が必要かということから、1人の人にどれだけの場所が必要で、ナイフやフォークについてはどうかなどを予測しなければならない。

- 身体的な負担は子どもの身体的な能力に応じたものでなければならない。子どもは一度に何枚の皿を運ぶことができるか。全部を運ぶためにどれだけ行き来しなければならないか。それらのことが、子どもが自分自身について知覚し、必要とされ、現にもっている自分の力とその持続性や欲求不満に対する耐性などを自己評価できるようにさせるのである。

- 身体的な活動能力は持続する練習によってのみ発達する。グラスが落ちないようにするにはタブレットをどのように持ったらいいか。机の脚にぶつからにようにするために1歩はどのくらいの長さで歩いたらいいか。タブレットを元のところにしっかり収めるためにはどのくらいかがんだらいいか。グラス1個と重ねた皿とカラの水差しと水の入った水差しをもつために、それぞれどのくらいの力が必要か。異なる筋肉グループが互いに影響しあうように訓練され、力が育成され、手と目の協働が訓練されなければならない。

- 文化に関する考察はあまり多く見られない。その理由は、子どもは吸収する精神によって、周囲の習慣を受け入れるからである。一般的に子どもがどのようにしごとをするかは秩序的意味での教育により違ってくる。

　　多文化社会でどんなことで他人に敬意を払うことが要求されるか、または認められるかは興味深いことである。さまざまな小さなことが問題にされるに違いない。小さい家族では個人についての考慮も必要になる。誰が右利き（左利き）か、コーヒーカップはどこに置くか、取っ手はどちら側

に向けるか、おばあさんは重いポットから1人で注げるか、助けが必要か、など。

- 美的感覚は心地よい感情を作り出す。花瓶に活けられた花。きちんと並べられたナイフやフォーク、かわいらしくたたまれたナプキンなどは顔に微笑みを浮かべさせ、ほのかな喜びをもたらし、「ありがとう」という喜びのことばを発させるのである。受け手は自己意識と自己価値感情が高まる中で、自分の「機嫌」に左右されることが少なくなり、少し「大きくなる」。

「モンテッソーリは、遅れている子どもたちは社会から疎外された存在というよりも、むしろ他の子どには与えられていた教育を受ける権利が与えられなかった子どもであるという確信を述べている」

スタンディング

80

これからの見通し

インテグレーションやインクルージョンを体験して成長した子どもたちはどうなるか

彼らはその後もインクルージョンを体験し続けるか

　私は、これまでに特別に強い使命感と限りのない献身をもって、わが子が歩む道を当たり前という状況の中で続けるように努力し、それに成功してきた例をいくつか知っている。

　「比較的容易」な例としては、両親がフレキシブルな労働時間で働ける小規模な企業を経営していて、適当な労働の場が確保されるケースである。造園業、税務事務所、託児所、小さい出版社などは非常に異なる能力の人々が働き、よく機能している。どの例の場合も、それぞれの職場の領域が確定していて簡単に他の人により取って代わられるものではない。働く人すべてが社会に対して完全な責任を持つものである。

　若い人が自分でつくったものを販売するような店を経営するような場合は非常に難しい。店は場合によってはその土地になじみ、常連客もいるかもしれない。しかし、両親は、息子について、公認の障害者施設に入所していれば当たり前に受けられるような年齢に応じた給付を獲得するために常に国と闘わなければならない。

　多くの親たちは、公益法人を結成して、1つまたは複数のサービスを扱う企業を運営している。私はそのようなホテルに宿泊したことがある。いくつかのレストランで食事をしたことがある。官庁の玄関で、入り口付近のカフェテリアで休憩をとるのを楽しみにしている。また障害のない人たちが汚した道路とヴェルトシュトッフ庭園を掃除しているのを見るのは嬉しいことである。いろ

いろなことが展開されている。しかし私が知る限り、それはいつも同じ情報である。

　障害者施設における一般的な基準に関しては、作業所などについても、法律ではっきりと定められていて、国から大幅な支援を受け、財政補助されている。両親が子どもにそれ以外の道をとらせようとするとき、労働事務所以外にも、さまざまな可能性や支援が存在するが、残念なことに、今まで役所のすべての職員に知られていない。たとえば、バイエルン州には仕事に対しても個別的な同伴が2年間認められるという制度があることを知るまで、親はたくさん調べ、多くの困難を体験する。この制度は、雇用主と就職したての精神的に問題のある人を仲介することにより、困難に陥る以前に多くの誤解をなくそうとするものである。同伴を継続してほしいという期待も存在する。職業訓練期間をより長期にするために、国からのより多くの財政補助が期待されている。

　最初の労働市場でやっと働く場が獲得できたとすると、その次に来る問題は社会保障の金額の低さである。知的な制限のある人は多くの場合低い賃金の職場につくことになる。時間給が低いことが多い。社会保険の等級もそれに応じて低くなる。現在、障害者のための作業所で働く人はドイツの平均賃金（32.003ユーロ）[26]の80パーセントであり、25.602.40ユーロが保障されている。それと比較すると単純労働に従事する障害者の場合、将来の保障に関して、労働者本人も両親も埋めることのできない大きい欠如が存在する。障害者の作業所では給料は支払われないで、小遣いが支給されるだけであるにもかかわらず、その金額は自由経済下で働く人々との均衡を保たなければならないとされている。つまるところ、自由経済下で働く彼らは、障害のない人と同様に一般的な市民の義務を果たし、税金とすべての社会保険料を払っているのである。

ここで政策が問題となる

　国連の権利条約と基本法で認められている権利が守られるためには、ドイツの法制度と関連して社会の考えが転換することが必要である。

---

[26]　この記述は2010年現在のバイエルン共和国の法的規則によるものである。

お金　あなたの価値は何ですか

「お金はすべての事柄の基準」であり、「お金が世界を支配する」

　これはドイツでよく聞く言葉である。しかし、お金との関係についての考えは今に始まったものではなく、聖書にもそれについての記述がある。

働くものが報酬を受けるのは当然である
（ルカ福音書10,7、ティモテ第1,5,18）

日雇い人の賃金を巻き上げる者は、人殺しだ
（シラ書　34,2）

　われわれの文化圏にはお金の価値について語られる多くの諺や処世訓などが存在する。

　誰もが金額の大小はあっても当たり前のこととして毎日かかわりをもっている。

　しかし、本当にそれはすべての人がといえるだろうか。

　私がこれまでに体験し、今も経験しているのは、豊かなドイツにおいて、近所のパン屋でパンを買い、帰り道に飲み物で渇きを潤すということが当たり前でない人々がいるということである。彼らはお金の使い方を学んでこなかった。彼らの関係者たちはお金の使い方を教えることについて全く、または適切な時期に考えてこなかった。多分、それは「この子」にそれは大事ではない、少なくてもまだ必要ないと考えていたからだろう。多くの人は今だに障害者にとってお金は論外であり、たぶん危険だと考えている。

「時は金なり」は英国で言われている

　時間と配慮は、われわれが互いに与え合うことのできる最も素晴らしい贈り物である。これらをお金で測ることはできない。時間は無駄に浪費されることも、有効に使うこともできる。時間が無駄に浪費されるということを障害のあ

る多くの人々はごく小さい頃から学んできている。誰かが注意を向けてくれるまで待つ。順番を待つ、助けを待つ、迎えを待つ、彼らが自分で何かできるように環境が整えられていないので、何をすべきか言われるまで待つ、いろいろなことを待つ…にもかかわらず、もしもこれらが若い人々に目的のある仕事の喜びをもたらすものであれば、寛大さや配慮や意味のある活動への喜びはさらに大きなものとなるであろう。

　障害のある人々はさまざまに異なる分野で働いている。ホテルではサービスや家事、病院の病室やリネン室、園芸店では植物の世話や接客など。また工場や農家でも働いていて、彼らの労働力と労働の成果は十分に計画されている。しかし、同じように彼らの気持ちも計画に含まれているであろうか。

労働に応じた賃金を

そして

支払いに応じた労働を

　これはドイツの諺である。これはもしかするとわれわれ「障害のない人」だけに当てはまるものかもしれない。なぜなら、障害のあるわれわれの隣人たちは、労働は彼らに何の喜びももたらさないし、仕事に対する何の動機も見いだせないと考えているかもしれないからである。

　この諺を少し変えてみよう。

労働に応じた支払いを

　この中に、私を不安にさせるような無視とまではいわなくても、しばしば軽視ともいえるようなものを感じるからである。

　「実習」を基礎にしてその後生涯にも及ぶ労働は、高等教育修了者と同じく卒業資格のない障害のある人にも想定されている。高等教育修了者はその想定に逆らって、場合によっては自国を飛び出して他国に活躍の場を見つけることができるかもしれないが、障害のある人にはその可能性はほとんどない。

　ドイツ基本法においては第1に人権について規定されている。

第1条

⑴　人間の尊厳は犯すことはできない。人権を尊重し擁護することは国家権力の義務である。

第3条

⑵　すべての人間は法の前に平等である。

⑶　誰も、性別、家系、民族、言語、出身地、出自、信仰、宗教的または政治的見解により差別されたり、優遇されてはならない。

これは素晴らしい法律である。しかし、その実現のためにはさらに大きい努力が払われなければならない

1 ペニヒを大切にない者は、ターラーに値しない

ドイツでこう言われている。しかしながらわれわれの「世話を必要とする子どもたち」が果たしてペニヒやターラーやセントやユーロなどの価値を知っているだろうか。

今日、両親や養育者たちがあきらめてしまっているのをわれわれは体験している。私の息子や娘や私が養育している子どもは金銭の支払いに関心がない、計算ができない、金額にもお金にもかかわることはない。それを学ぶこともない。多分多くの大人にとって「すでに遅すぎた」。敏感期が過ぎてしまったので、自立してお金を取り扱えるようになるのは無理である。それでも「奇跡」を体験することがある。全く予想もしていなかった知識に出会うことがある。

私がユーロが導入される数年前に体験した決定的な事柄について述べたいと思う。

ウルフ症候群の若い女性が私のところにやってきたのは18歳のときであった。われわれの出会いはお互いにとって重荷となるものであった。彼女は歩くことも掴むこともほとんどできなかった。言語はなく、いつもすべての人を驚愕させ、動揺させるように泣き続けた。どのような刺激にたいしても彼女は泣いて反応した。「よくできましたね。嬉しいですよ」という積極的な体験や賞賛に対しても、「それは違います。わかりますか」という否定的な表現に対しても泣いた。彼女は自分の意思を表現することができなかった。それゆえに尋ねられることもなかった。周囲は彼女を非常に愛情深く取り扱った。彼女の精

神は身体の中に閉じ込められていて、身体は世話をされてはいるが、本質的な「実在する人」として期待されていなかった。

　私はゆっくり手探りをしながら試みた。このような障害のある女性は何に興味を示してくれるだろうか。家事はどうだろうか。

　われわれは異なるモンテッソーリの日常生活の練習を多く導入しようと試みた。ファスナーの開け閉め、靴紐を結ぶ、靴を磨く、手を洗う、鍵を開ける、ビンに水をいっぱい注ぐ、食器を拭く、食器を分類するなど。しかし驚くべきことが起こった。彼女に花束が贈られたとき、花の色やかたちによく合った花瓶を選び、その花瓶を他のテーブルのところまですたすた歩いて運んだのである（それまでの彼女は私のセラピー室で一歩を歩くためにも誘導しなければならなかった）。このことは、彼女には確かに私がそれまで彼女について理解していた以上の何かがあるということを示していた。彼女は少なくとも色、美しさ、美学についての意味がわかっていた。しかし、私はどのようにして、何を引き出すことができるのだろうか。

　モンテッソーリ教育とモンテッソーリ・セラピーでは「自由に選択すること」は主要な柱の1つとされている。それゆえに、私はこの女性の願望や嫌悪を知り、それに配慮することがもっとも重要なことであると考えている。彼女の身振りやジェスチャーなどから私は、動揺、悲しみ、怒り、激怒、不愉快、不幸などを理解してきた。私は彼女の希望について聞いてみたかった。それで、（彼女は色を識別することができ、多分色が好きだろうということがわかったので）2つの札を使ってそれをやってみようと考えた。赤の札が「ノー」青の札が「イエス」とした。彼女は体を少しねじったり、片手を動かしたり、視線を送ることで意思表示ができるようにした。それはある程度うまくいった。しかし、十分満足できるものではなかった。可能性をさらに追求していくと驚くべきことがわかってきた。この女性はアルファベットを理解していた。彼女はいつから、どうやってそれを学習したかを知る人はいなかった。しかしそれが突破口となった。その時から彼女は用意されたコミュニケーションの手段を用いて答えるようになった。こうしてわれわれは彼女の生活や思考にますます深くますます多くかかわることができるようになった。彼女は詩的

な語彙をもち、書き方を習得し、算数にも興味を示した。とくにお金に関心を示した。

　先日のセラピーの時間では、次の答えを瞬時に導いた。

$$2 \times 50\,\text{pf} + 2 \times 10\,\text{pf} + 3 \times 1\,\text{pf} =$$
$$1 \times 1\,\text{DM} + 2 \times 5\,\text{pf} + 1 \times 10\,\text{pf} + 1 \times 2\,\text{pf} + 1 \times 1\,\text{pf} =$$

　これは、まだマルクからユーロに転換されるずっと以前に私が考案した「2つはいつも同じ」という遊びを彼女と一緒にした時にその能力を発揮した。それまで彼女には自分の知識を表現したり、実行したり、具体的にお金を支払ったりするという機会が全くなかった。私は今、彼女がほとんど問題なくパン屋で好きなお菓子を買うことができるようになっていてほしいと思う。また、気にいって、自分が持っているお金で払えるような、ズボンやTシャツやアクセサリーを自分で買えるようになることを望んでいる。

　Sさんの精神は、大部分の人にとって知性を信じることが不可能になるような身体の中に閉じ込められていた。

　残念ながら、とくに生まれつき遺伝的な特殊性や症状をもっているような場合に知的な発達を運動機能で測ってしまうということがよく起こる。彼らはしばしば周囲の人が理解できるような表現ができない。運動機能というのは歩いたり、掴んだり、行動するといういわゆる運動に作用するだけでなく、顔の表情も運動機能によってコントロールされている。賢そうなまたは同意や承諾を示すような微笑みを返すためにどれだけ多くのの筋肉が動員されなければならないか。相手が理解していることがわからなかったり、反応がなかったり、反応が理解できないと「愚かもの」と評価されてしまうことがどれほど多いだろう。そうした考えは理論的に次のような結論をもたらす。子どもへの提供や要求のレベルを、年齢は10歳だがその発達のレベルが10か月の子どものための「遊びの提供」、たとえば、ガラガラやプラスチックの輪や丸や四角（角を丸く削った）や三角をはめ板にはめ込むような遊びのレベルにまで引き下げてしまうということが起こる。10歳の子どもはそれとは全く違うやりかたで楽しみや気分転換をするにちがいない。彼は自分が尊重されていないと感じるや否や、

嘔吐や、フラストレーションを吐き出すということを毎日何度でも繰り返すようになる。

この体験から、私は遊びや学習の提供は生活年齢と実生活に合ったものでなければならないということを確信した。両親は子どもにとって最初の最も愛すべき最も重要な関係者であり、それはたぶん生涯にわたってそうである。両親は情緒や音楽やファンタジーや知性や文化の領域における自分たちの生活の価値を伝えていかなければならない。そこにはその地域で流通するお金の使い方も含まれている。両親は子どもと一緒に、子どもをワクワクさせるような楽しい遊びの中に、教えるべき内容を入れて、しかもそれが遊びであり、楽しいもので、しかもセラピーではないようなものを作り上げるために、専門家による励ましや指導や支援の体制が必要である。これらの遊びはどのように行ってもいいし、特別な価値を考慮しているわけではない。どの母親も子どもの気を引こうとして、「君はずいぶん大きくなったね」とか、「こんなに大きいんだね」と言って子どもの腕を伸ばしたり、または自分の腕を上に伸ばしたりする。彼女はそうすることで大きいことはいいことであり、努力する価値があることを伝えている。また大きいという概念をポジティブな価値あるものとして確認している。同じことは、はめ込みや分別の練習のために、ボタンや木やプラスチックの小さい板片を使わないで、その代わりにきれいに洗ったお金を用いるときにも起こることである。それぞれの硬貨の価値は、大人たちの無意識の反応からすでにわかっている。2ユーロをなくした時には2セントを失った時よりずっと真剣に探すに違いない。

練習はモンテッソーリの原則に従っている。

- *特質を独立させる*：訓練を組み立てる際には、まず硬貨とお金を熟知し、それについての知識をもち、材料についての展望を持っていること
- *困難性を独立させる*：新しいやり方、新しい言葉、新しい経験は原則的に独立して提供される。そうすることにより、それまで知らなかったことに完全に集中することができる。知らなかったことが受け入れられ、理解され、把握されるようになってはじめて、すでに知っていたこととつながっていく。

- 反復：人は反復することで学習する。モンテッソーリの練習は、子どもや患者がいつもどの練習においても反復することができるように作られている。反復することの動機はさまざまである。子どもの場合には、行為する喜びが多くの場合動機になっている。「僕はそれができるんだ」という自覚は、ある場合には自己意識を育てるものであるが、他の場合には骨折りや要求からわが身を守るための撤退であり、瞑想するかのような撤退を見せることさえある。大人の場合には、反復することによって改善したり、練習をしたいという純粋な願望によることが多い。

- *誤りのコントロール*：ほとんどすべての練習は、子どもや患者が自分自身で「これが正しいかどうか」を確かめられるように考えられている。これはモンテッソーリ教具の本質的な特徴であり、自尊感情と自己意識の育成にとって重要である。

- *具体から抽象へ*：最初に予測が立てられ、予測にそって展開される。すべての練習は、理解され、手に取られ、実行されるという順序で組み立てられている。その後に一歩ずつ抽象化への道が続くことになる。

- *外的秩序から内的秩序がもたらされる*：子どもや患者はまず外的な秩序や構造から教具の全体を把握し、その後に行動の結果について理解する。テーブルの上に正しい順序で置かれる教具は、同時に記憶の支持に役立つものである。次に何をするべきか。

- *教具の分類*：日常生活の練習、感覚教具、言語教具、算数教具とこれらの領域のそれぞれの知識と関連した宇宙領域のさらに進んだ練習と、獲得した知識を定着させるための遊びに分類される。

　練習と遊びでは多くの場合、その困難の度合いが異なっている。最初は簡単な方法が試みられるが、扱い方や遊びの規則が理解できるようになると、患者はさらに高度な方法の限界に挑戦することを望む。彼らが「こんなのは赤ん坊のレベルだ」とか、似たような発言をするのは、彼らが、自分たちが真剣に相手にされていないと感じていることを示すものである。そうなると当然のこととして、はぐらかすような行動をとったり、欲求不満への抑止力が利かなくなったり、類似のことを示すようになる。それらの行動様式は、非常に多く

「障害」からくるとされたり、遺伝的な症状とみなされる。しかし実際には、こうした典型的な態度は、退屈や自分のことがわかってもらえていないという感情や、それに慣れていないことに起因している。すべての人を学習や遊びのパートナーとして真剣に認めことが、その人を尊重することであり、人間の尊厳を認めることである。

多くの練習と遊びの困難の度合いは、同等またはほぼ同等であり、目標は同じになっている。ここではどの練習、どの遊びを行うかについては何よりも患者に決定権がある。一般論としては、人は決定に深く関われば関わるほど、その学習の成果は増大すると言われている。しかしながら、精神的な働きを刺激し、育てるためには、いくつかの並行した練習を提供することも意味がある。多くの人々には、すでに自分がマスターしているものは確実なので、それにより自己価値の確認ができるような課題設定に固執する傾向がある。マリア・モンテッソーリは、子どもが飽きるまで反復することが必要であり、その後に自由に新しい課題に取り組むことができるようになると述べている。これは全く合理的なことであり、われわれの「配慮を必要とする子ども」にも、もし彼らが飽きるまでやって、次の課題に取り組む用意がある場合には、意味あることである。残念ながら多くの場合それは行われていない。一度決められた規則が、そうせねばならないとされて、それがそれ以上の前進を阻んでいる。それをなくすために、並行的練習を多くとり入れて、できるだけ「選択肢」を多く提供できるように心がけている。「今日は何をして遊びましょうか。ドミノですか、メモリーですか、それとも計算をしましょうか」。

これらの独立した練習は、課題ごとに分類され、現実的に準備されていることが何よりも必要であり、あらゆる点において教育的でなければならない。患者たちはあまりにもしばしば依存的であり、細かいステップが詳細に示され、すくなくともそれが正しいと保証されているということが当たり前であると思っている。彼らは、周囲の人と関係なく、自分で誤りを点検するという体験をするための一歩を踏み出すことを学習していない。「これでいいのだ、私はできた」、これにより真の独立性が成長する。そのためにできるだけ早い時期から、「さあ、しごとを続けて、終わったら私に見せてください」と願うこと

は意味のあることである。

　学習にはあらゆる感覚を用いなさい[27]。現代の脳研究はマリア・モンテッソーリが観察から認識したことを実証している。体験と認識が脳においてよりよく結合し、定着できるのは、それが積極的動機付けによってなされるもので、さらに繰り返して他の感覚系で捉えられるものである場合である。

　お金を理解し、自分のお金を管理して生活の質を本質的に高めるという主たる目的のほかに、すべての練習には間接的な目的が含まれている。それらは、感覚の陶冶、粗大・微細運動機能の訓練、行動の順番の理解、欲求不満の統制と持続性の向上、それ以外にもしごとを進展させ、経済的な関連性についての知識を深めることなどがある。

　提供とそこから発展するしごとにはすべてモンテッソーリ・セラピーの一般的な過程が適応される。すなわち、

- 患者は（自分自身の動機から）提供された練習やテーマに関心を示すこと
- まだ興味を示さない場合や、この領域についての敏感期が使われないままに過ぎてしまったような場合には、モンテッソーリのセラピストはこの教材に関心を向けさせるための準備をしなければならない
- 提供が受容能力に応じたものであれば、必要に応じて何度でも繰り返すことができる
- 養育者が家庭やそれ以外の日常の場面に応用・発展できるようにする
- 困難度を高めながらさらに発展させていく
- 行動や考えの柔軟性は必要であり、育成されるべきものなので、個々の練習では最小の変更が常になされる
- 長期的な視点から障害のある人の人生が改善され充実するために、今の時点で重要なこととその後の目標とが同時に追求されなければならない

27　アンドレ・フランク・ジンペル「トリソミー21の条件下における抽象的思考の神経心理学」雑誌「ダウン症候群との生活」63巻2010年1月

衛生上の理由から、しごとに使用するすべての硬貨は、あらかじめ洗浄し、ブラシをかけその後丁寧に乾かさなければならない。

■　すべての練習と提示において注意すべきこと
　　われわれが使っている硬貨はニッケルを含んでいるのでアレルギーを引き起こすことがあり得る。
■　この理由からも、特別な清潔さを心掛けなければならない
　　どの練習も終わったら必ず手を石鹸でしっかり洗う。

日常生活の練習

「日常生活の練習を通して、子ども達は周囲の簡単なことを見て、気づき、最後には好きになる。日常生活の練習により、子どもはすべての物をぼんやりと眺めることをやめて、1人の人間になっていく。子どもは器官を陶冶することにより、感じたり運動したり、共同する生活をスムーズにうまくやり遂げることができるようになる。すぐれた日常生活のための教育は、具体化され、他の本質に変えられていくために、できるだけ早期に始められなければならない」[28]。

ヘレネ・ヘルミング

差し込み練習

　子どもたちが掴んだり、離したりすることができるようになると、ものを穴に突っ込み、消えてしまうのを体験したり、もう一度見つけたり、また隠したりするのを楽しむようになる。

　そのためには一般の玩具店にもいろいろな教材が出回り、モンテッソーリ教具のカタログの中にもたくさん紹介されている[29]。これらの練習の1つは誰でも簡単に行うことができる。プラスチックの蓋つきの缶またはガラスの容器、数個の球、球を入れるかご、それらをのせておくトレイ。それらがセットになっている。

---

[28]　ヘレネ・ヘルミング、残念ながら論文は不明である。
[29]　ニーンホイスのカタログ2009/2010　12、13頁

　最初に手全体で球をつかみ丸い穴に押し込む。子どもはもう一方の手を直接蓋の穴の上に置き、球を容器の中に落とす。

　手全体で掴むことから指で掴むことへと発展する。マリア・モンテッソーリはこの時期のことを「小さい物に対する敏感期」と名付けている。

　次に新しい教材を子どもに提供する。

　ブタの貯金箱は穴のスリットはより狭くなっている。手をスリットの方へ伸ばさなければならない。

　1歳児であればまだ多く口で探索する時期なので、最初は実際的に無害な素材である、たとえば真珠層でできている掴みやすいボタンなどが良いかもしれない。

　少し年齢が高い子どもはすでに違いがわかり、「これは手でする、これは口でする」と区別ができるようになるので、認知的にさらに発展させることができる。お金はブタの貯金箱に入れる。リンゴは口に入れると理解している。

　「すべての完成されるべき行動は、その時間の中で1つの部分が他の部分に連続するようないくつかの部分から成り立っている。このように連続している所作を認識し、それを確実に、1つずつ行っていくことを運動の分析という」[30]

[30]　ヘレネ・ヘルミング「モンテッソーリ教育、日常生活の訓練」35頁
　　引用、マリア・モンテッソーリ　Pedagogic scienifiques　71頁

お金を入れる

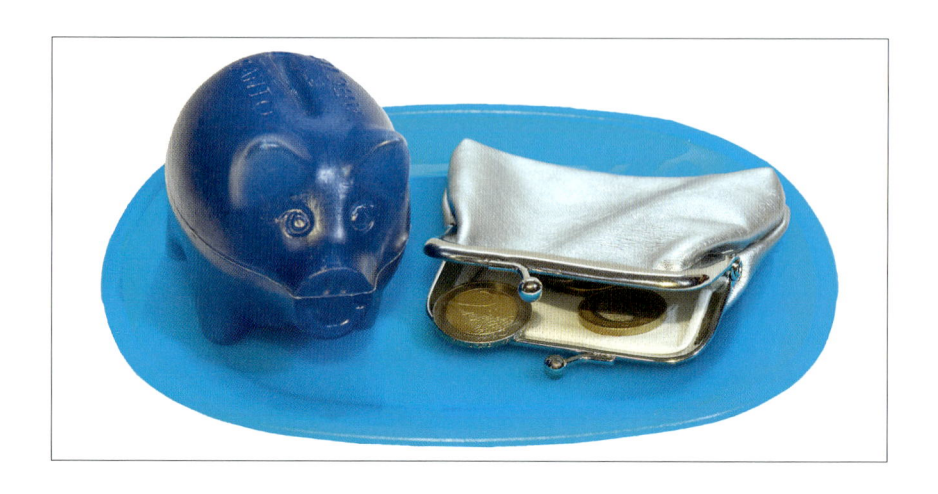

教材

- ブタの貯金箱
- 2ユーロコイン　10枚　丁寧に洗浄した硬貨
- 財布
- トレイ

提示

- 提示がよく見えるように、教師は子どもの後ろに座る（あるいは教師のひざの上に座らせる）
- 子どもの利き手を配慮して、子どもが関節をひねらなくても簡単に入れられるところにスリットが来るようにブタの貯金箱を配置する
- 教師は子どもの利き手の3本の指（人差し指、中指、親指）を使って硬貨をつまみ、スリットに差し込む
- 硬貨が落ちるときの音を聞く
- 子どもがこの作業を一緒にしたいという様子を示している間それを繰り返

す。それから

- 子どもの利き手に硬貨を手渡し、それをスリットに差し込めるように補助（できるだけ少ない）をする
- 硬貨を全部入れ終わるまで作業を続ける
- 言葉で説明する。「硬貨が全部ブタさんに入ってしまいました。ではこれから一緒にそれを取り出しましょう」
- ふたを開けて硬貨を取りだし、財布にしまう

誤りの訂正

財布が空になっている。全部の硬貨がブタの貯金箱に入った。

発展活動

- まず利き手による最初の成功を体験した後、同じやり方で硬貨を利き手でない方の手に渡す
- 子どもが手の位置をスリットに合わせることができるように、スリットの方向をゆっくり変えてあげる

直接目的

微細運動能力の練習、特に「3本の書くための指」の練習

間接目的

- 手と目の協応の練習
- 空間認知の習得
- 認知の促進、食べ物と口の中に入れてもいいもの（おしゃぶり、哺乳瓶の突起など）と、絶対に口に入れてはいけないものを区別する
- 語彙を増やす
- 持続性と欲求不満の耐性の練習

硬貨の分類

教材

- ふたにそれぞれの硬貨の大きさに見合ったスリットが開けられていて、そのふたはねじって開けられるようになっている3つの背の低いガラス瓶。それぞれの瓶の前面に中の硬貨と同じおもちゃの紙製の硬貨が貼られている。
- 1セント、10セント、1ユーロ硬貨をそれぞれ10枚
- 財布
- トレイ

提示

- 財布から硬貨1枚を取りだし、よく見て、その硬貨の名前を言ってから、該当する瓶に入れる
- 全部の硬貨が瓶に分けられるまで続ける

誤りの訂正

ガラス越しに目で確かめる。

子どもたちはしばしば瓶の中身を全部外に出してから、「正しくできた」ことを確認し満足して、その後出した硬貨をもう一度空っぽの瓶に戻すということをする。

終わり方

硬貨を財布に戻す。その時に数える。

発展活動

- ガラス瓶の数を増やし、硬貨の種類を増やす

  数を増やす際には、子どもの持続力と集中力を考慮しなければならない。同種の硬貨の枚数を多くすることもできるし、または硬貨の種類を多くすることもできる。
- 作業は困難度が少しずつ高くなるように考えられている。例：
- 両方の手に１ユーロずつ取って、それを入れなさい
- 片方の手で10セント硬貨を２枚取りなさい
- 右手に10セント、左手に１セントを取りなさい
- 右手に１セント、左手に10セントを取り、最初に１セントを、最後に10セントを入れなさい

直接目的

- 視覚と触覚で硬貨を識別する

間接目的

- 硬貨をつまみ、差し込むことができるように微細運動能力を訓練する
- 両手の協応動作の訓練
- 硬貨の名前を確実に言えるようになる
- 持続性とフラストレーション耐性の訓練

● 識別能力の訓練

硬貨を磨く

この訓練のアイディアはダニエルとその母親によるものである。
彼らに心から感謝します。

教材

- 2ユーロ硬貨、1ユーロ硬貨、50セント硬貨をそれぞれ1枚ずつ
- 金属磨き剤。歯磨き粉でも可能であるが、結果はあまり良くない
- 金属磨き剤の数滴をいれる小皿
- 指サック
- 小さい柔らかい布
- マット
- エプロンまたはワイシャツ
- トレイまたは保管用の箱

提示

- 洋服が汚れないようにエプロンまたはワイシャツを身に付ける

- ３つの硬貨から１つを選び、それをマットの上に置く
- 金属磨き剤の容器を強く振る
- 磨き剤の数滴を小皿に落とす
- 運動能力に応じて指サックまたは布切れを使う：利き手の人差し指と中指に指サックをはめる。または利き手の人差し指と中指に布切れを巻き付ける
- 指サックまたは布切れで金属磨き剤の上を軽くたたく。そして
- 円を描きながら、強く押し付けないようにして、最初に硬貨の表の面を、続いて裏の面をなでる
- 指サックや布切れがどれほど黒くなり、硬貨がどんなに「曇っているか」を観察する
- 最後に清潔な布で金属磨き剤をふき取り、輝くきれいな硬貨に感動する
- 他の２つの硬貨についても同じことを繰り返す

磨く作業が終了した後：

- 硬貨を詳しく観察し、言葉で記述する
- 石鹸をつけて指サックを洗う。黒い汚れがなくなっているかどうかを何度も確認する
- 汚れた布切れを捨てる
- 他のすべての道具をきれいにして、トレイに置く
- 丁寧に手を洗う

誤りの訂正

硬貨の上に曇った部分が残っていないかどうか。

直接目的

- 化学的プロセスを体験する
- 何かをきれいにしたり、再び素晴らしいものにすることへの喜び

間接目的

- 視覚認知の習得
- 認知したことの言語化
- 運動機能、なかでも書くための3本指の訓練
- 持続力とフラストレーションの耐性をつけるための訓練
- 手洗いを徹底的に行うことで清潔の必要性を視覚的に体験する
- 受動的語彙だけではなく能動的語彙も深化させる

発展活動

　収集対象物として、または磨かれた硬貨を何かの遊びに再び利用するために、磨いた硬貨のコレクションを行う。

硬貨の名称についての３段階レッスン

教材

1ユーロ　　　　10セント　　　　1セント

提示

第1段階

- 硬貨の表を上にして机の上に一列に並べる
- 一番目の硬貨を列から取り上げて、「1ユーロです」と言う。よく見せて、裏返して、もう一度「1ユーロです」と言う
- そのユーロを再び元の位置に戻してから、次に10セント硬貨を取り上げて前と同じことを行う
- 最後に1セントについても同じことを行う
- 次に並べる順番を変えてから、硬貨を列から取り上げて、「これは10セントです」という
- 子どもが言葉と対象の関連を把握できたと推測できるまで、この順番を変えて名前を言うのを繰り返す

第2段階

- 行動することで対象と言葉の関連を確実なものにする
- 次のような指示を出す。「ユーロを渡して下さい」「10セントをユーロの左に置いて下さい」「1セントを裏返して下さい」。まずこれらの指示は硬貨が見えるところに置かれ、また子どもが自分の場所でできるものに限定される
- 指示の要求は環境に応じて高度になる。「1セントを窓枠の上に置いて下さい」「10セントをあなたの椅子の下に置いて下さい」「ユーロをドアの前に置いて下さい」「セントを取って植木鉢の後ろに置いて下さい」「ユーロを取って、本の下に置いて下さい」等々

- これらの要求には2つ、場合によっては3つの重要な指示が同時に含まれている。指示された一連の行動を記憶することと、いろいろと変化する置き場所を見つけるための高い集中力が求められる

第3段階

- 「これは何ですか」
- この段階は、子どもが正しい答えを確実にできるようになった後にはじめて導入される（これは他の多くの教育方法とは非常に異なっている）

直接目的

個々の硬貨の名前を確実に言えるようになる。

間接目的

- 課題の遂行と質問における集中力の訓練
- 特定の子どもについてそれがとくに必要とされる場合には、一般的な空間認知についての訓練（例：「○○をあなたの隣の椅子の上置きなさい」「○○をあなたの左の手で取って、あなたの左足の下に置きなさい」）

発展活動

1ユーロ、10セント、1セントの名前が正しく言えるようになったら、さらに2つの硬貨を加える。どの種類の硬貨を入れるかは子どもの希望を取り入れて決めることができる。

- その後のある時期においては、
  紙幣の名前も取り入れる

ヒント

- 子どもたちの多くは第3段階に行くまでに何度も練習のセッションを経なければならない、知識が今日の時点でまだしっかりと記憶されていないならば、翌日にそれを利用するのは難しいに違いない。それゆえにいつも第

2段階から始める方が有意義である。子どもによっては1回だけ名称が言えたならば、第2段階に上げたほうがいい。子どもが欲求不満になることを避けなければならない。子どもをできないことに直面させてはならない。むしろ「できる」ことを体験するならばそれが次の練習への動機づけになり、自己意識と自己信頼を育てることになる

- 3段階レッスンの最初の2つの段階は、話すことができずに文字で表現することもできない大人の患者の作業に非常に適している。「〇〇の方を見てください」「〇〇の方に回ってください」「〇〇の方へ頭を傾けてください」などの指示を出すことで、学習内容が理解できたかどうかを確かめることができる

硬貨の分類

教材

- すべての種類の硬貨を2枚ずつ対にして小さい袋に入れおく
- 硬貨の図柄が直接に書かれた台紙

台紙1の作成

- 銀行やその他の金融機関から紙製のおもちゃの硬貨を入手する
- 紙製の硬貨を1枚は表面をもう1枚は裏面を上にして台紙に貼り付ける
- 台紙を粘着フィルムで覆う

提示

- 小さい袋の中にある1つの硬貨を手で触り、考える、「これは何だろうか？」
- それを取り出して、眺めて、言葉で言う
- 台紙の決まった場所におく

誤り訂正

硬貨は全部分類されて、すべての図柄の上に正しく置かれている。

終わり方

硬貨を順不同に1つずつ戻すように指示する。「2ユーロを取って下さい」「10セントを取って下さい」

直接目的

言葉の練習を深める。

間接目的

- 触覚と視覚認知の練習
- 微細運動機能の改善
- 聴覚認知の練習
- 行動形式の獲得、大人の指示に早く正確に従う

発展活動

台紙2

ボール紙の全金額の硬貨を1対ずつ順不同に表面と裏面を上にして台紙に貼る。

台紙3と台紙4

　1番目の台紙には、映像ができるだけ黒くなるように調節したコピー機でおもちゃの硬貨をコピーして、順番通りに貼り付ける。

　2番目の台紙には細い線で硬貨の輪郭を描いておく。

台紙5と台紙6

　前と同じであるが、今度は硬貨を順不同のバラバラの状態で置く。

活動の提供

- 1人で行う作業：異なる台紙の上に硬貨を置いていく。台紙は2つを並べておいてもいいし、違う作業の場所に置いてもいい。たとえば、最初の作業はテーブルの上で、次の作業を絨毯の上で行うなど
- ペアで行う作業：規則を決めておく、たとえば1人が表の面だけを取り出し、もう1人が裏の面だけを取り出す、または1人が1のつく硬貨の対をつくり、もう1人が2のつく硬貨の対をつくるなど

直接目的

　少しずつ変える：それぞれの金額の硬貨の特色を正確に見極めることにより、大きさ、色、重さ、縁取りのデザインなどについての「一般的知識」を柔軟に変えていく。

間接目的 f

- 確実さの習得　「僕はポケットの中の硬貨を見なくてもそれが何なのか分かるんだ」
- 空間状況の視覚認知の練習
- 大小弁別の視覚的、触覚的識別
- 表面と縁を触覚的に区別する

ヒント

　硬貨を決まった場所に置くことに十分に集中することでその硬貨を理解でき

るようになるために、必要に応じて「運動機能の支援」がなされなければならない。硬貨が置かれる台紙の表面が非常に滑りやすいような場合である。

今までに試みられたこと

- 粘着フィルムの上から硬貨の場所に穴を開けておく、粘着フィルムの高さが低くなると、そこでわかる
- ガラス盤の上に薄いベニヤ板を貼り付けそこに穴をあける。ガラスの板の下には、好みの台紙に応じて、おもちゃの硬貨や黒いコピーの硬貨や無地の紙を貼る
- 硬貨の図柄を紙やボール紙の代わりに、単色の粘着フィルム（DC-Fix-Folie Velous）に貼りつける

重量箱

教材

- すべての種類の硬貨を1対ずつ
- 空のマッチ箱16個
- 同色で色の濃さの異なる紙またはフィルム
- 接着剤
- 収納する箱

活動準備

- 全部の箱の重さが同じであることが確かなマッチ箱を1パック購入し、箱だけを使用する
- 7つの箱に明るい色の紙を、7つの箱に暗い色の紙を貼る
- 1個ずつの箱の裏の面に同じ色の○で印をつけておく
- 色紙の貼られた箱の中に硬貨を1個ずつ入れる。その結果同じ硬貨の入っ

た列が2列できる。箱の裏の面はそれぞれ色の○印がついている。答えが正しいかどうかを確かめるために開けたときに、箱の中にその硬貨が入っているようにしておく

提示

- 色紙の貼られたマッチ箱を色別に分類し、収納箱の蓋のそばに右と左の列にして積み上げる
- 収納箱は後ろに置いておく
- 右側の山から1個の箱をとり、それを右の手の人差し指、中指、薬指の第3関節の上に乗せる、その際に右腕は自由な状態に保って何かにのせたりせずに、その箱の重さに集中する
- 次に左の山の方から1つの箱を左の手の指先で取り上げ、同じやり方で、2つの箱の重さが同じかどうかを確かめる
- 右の手を左の手に持ちかえてもう一度箱の重さを測る
- 両方の重さが同じであると感じたら、2つの箱を開けて確かめる
- 対が見つかったら、硬貨を箱から取りだし、箱を閉じて、それを収納箱の蓋の上に並べておき、その上に硬貨を置く
- 正しくないことがわかったら、硬貨は箱の中に入れたままにしておく
- 右側の箱は右の手で持ったままで、左側の箱は左側に置いて、その上に確かめ終わった箱を積み上げていく
- 同じ作業繰り返して対が見つかるまで行う。見つかったら最初の対と同様に収納箱の蓋の上に並べる
- 新しく始めるときには、いつも右の山から箱を1つ取り出して、収納箱から出した左の山の箱を全部確かめ、また外側の左側の列にも積み上げる

誤り訂正

箱に硬貨が残っている。

終わ方

硬貨を箱に戻すに際に、重さの順序を正しく守る。

直接目的

自分たちが使っている硬貨の特色を知る。

間接目的

- 圧の感覚の訓練
- マッチ箱を開けたり閉めたりする際の微細運動能力
- 構造化された行動様式の訓練
- 欲求不満耐性と持続性の改善

発展活動

欲求不満耐性の低いクライエントに関しては、重さの違いがはっきりしている3つの対で始める。

天秤はかりを使う

教材

- 天秤はかりと分銅（おもり）
- 各硬貨のサンプルを１つずつ
- 硬貨のリスト（巻末を参照）[31]
- えんぴつ
- 印刷された紙の硬貨
- のり

提示

- 最初に利き手の人差し指と中指の先端の腹の部分に硬貨を１つずつ乗せて

---

[31] さらに詳しいリストは巻末の付録を参照

重さを感じる

- 利き手でない手で同じことをする
- てんびんに硬貨を乗せ、計量する
- 対応する紙の硬貨シートを台紙からはがして硬貨シートにのりで貼る
- 硬貨の重さを貼り付けた硬貨の隣に記入する
- もう一度硬貨を指先に置き、「10セントは○○グラム」であることを確認する

誤り訂正

正誤表を作っておく。

直接目的

それぞれの硬貨の正確な重さを覚える。

間接目的

- 圧覚の訓練
- てんびんはかりの正しい使用
- 異なる重さの意識的体験
- 計算の準備

発展

計算練習：

「その硬貨を入れると私の財布は何グラム重くなりますか？」[32]

課題はそれぞれの対象児（者）の発達段階に応じて変えてよい。

- 具体的に硬貨の数を変えてみる。どの場合でも1つずつの硬貨をはかり記録する
- 前に作ったリストを活用したり、その結果を次の実践のために利用する

---

[32]　それに関する例は巻末の付録を参照

クライエントはどうしたら課題が解決できるか自分で発見しなければならない。

その他の目的

- 体験して理解するという行動を通して意味を理解して読むことができるようになる
- 最初は硬貨という具体物を扱いながらの計算課題を解決する
- 抽象化への段階的橋渡し

100マスボード

教材

- 100マスボード
- 1 セント硬貨　　　100個
- 2 セント硬貨　　　50個
- 5 セント硬貨　　　20個
- 10セント硬貨　　　10個
- 20セント硬貨　　　5 個
- 50セント硬貨　　　2 個
- 1 ユーロ硬貨　　　1 個
- 硬貨を入れる箱
- トレイ

提示

- お金をトレイの上に広げる
- 100マスボードのすべてのマスに 1 セント硬貨を置く
- 全部のマスに硬貨が置かれたら両替を始める。 1 セント 2 個は 2 セント 1

個の硬貨に両替される

- この時に「2個の1セント硬貨は2セントと同じです」とことばを添える
- すべての1セント硬貨が2セント硬貨に交換された後に次の活動に移る
2個ずつ数えながら硬貨を取っていき、1つの10セント硬貨に両替する
- ボードの上には今や多くの10セント硬貨が置かれている。それらを10個ずつ数えて取っていき、1ユーロに両替する

誤り訂正

1セント硬貨が100マスボード全体に過不足なく置かれている。

もしも硬貨が1個余っているならば、多分正しく置かれていないからであろう。

1つ足りなければ探さなければならない。

変更

- 100マスボードのすべてのマスに1セント硬貨が並んだら、2個ずつ数える代わりに5個ずつ数えて1個の5セント硬貨と両替する
- 100マスボードに10セント硬貨だけが置かれているならば、2個に対して1個の20セント硬貨に両替する。または5個の10セント硬貨に対して1個の50セントと両替する
- 100マスボードの右下の隅に1ユーロをおき、それをより小さい額の硬貨に両替する。どの金種の硬貨が欲しいかを述べてもらう

直接目的

硬貨の両替のやり方を習得する。

間接目的

- 10進法の理解を深める。
- 両替するまでの1つひとつの段階を理解する
- 視覚認知の訓練

- 微細運動の訓練
- 持続性と忍耐

ビーズ（モンテッソーリ教材）にお金を対比させる[33]

Die Zahlen von 1 bis 20 dargestellt
mit den Perlenstäbchen von M. Montessori
und unseren Geldmünzen —

Brigitte Ockel   Montessorischule
         der Aktion Sonnenschein
    1990   Reutbergerstr. 10, 8 München 70

---

[33] ブリギッテ・オッケルは1968年、ゴッビン女史と共に最初のモンテッソーリ学校を設立した。そこで障害のある子どものインテグレーションを課題とした。当時学級の生徒の比率は、15人の障害のない子どもに対して、重複または、種類の異なる障害のある子ども5人というものであった。

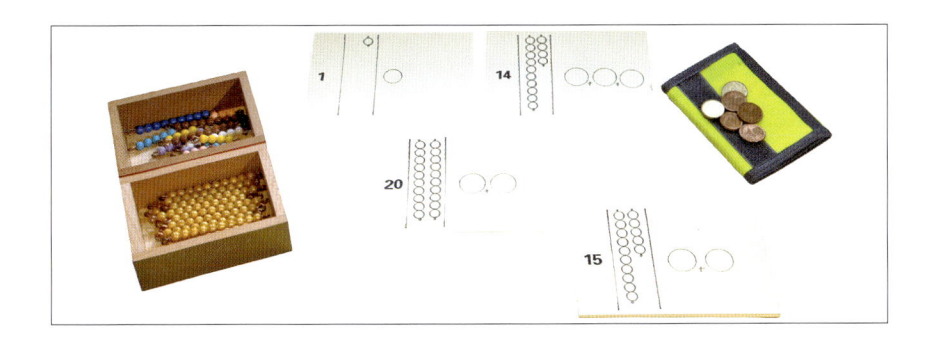

教材

- 課題カード
- 色ビーズと金ビーズ
- それぞれの課題に必要な量の硬貨

活動準備

それぞれの課題について1枚ずつカードを用意する。

指示：作業は、数－ビーズ－お金を左から右の順番で行う。色ビーズの棒は必ず縦に置かなければならない、その理由は、そうすることで、100の位－10の位－1の位が正しく読み取れるようになるからである。

提示

1から20までの数の課題は導入としては理想的であるので、それから始める。

数を読み上げて、その数に応じたビーズを置き、それに対応するお金を置く。

誤り訂正

正解のカード

目的

硬貨の価値を意識的に体験する。

発展活動

- 課題カードに示されている以外の回答の可能性を探す
- 100の位の数の課題

ヒント

この訓練は特に、数概念の形成の未熟な子どもの助けとなる。台紙を使うことで、すでにビーズの隣に置かれた硬貨がどれであるかが可視化され、まだ足りない硬貨がどれかがすぐにわかる。

洗濯バサミとカード[34]

教材

- カード1セット
- 小さな洗濯バサミ
- 収納箱

活動準備

白紙のカードを横長に置く。

---

[34] la chiave 社で入手できる。スザンヌ・ブルケルト、www.la-chiave.de

- 金額はカードの上部中央に記されている
- その下に2つの合計額が糊付けされる。1つは正しい合計額、もう1つは少しだけ違っている金額である
- 正しい答えの位置にはカードの裏面に点でマークしておく

提示

- 金額を読み上げる
- 計算する
- 正しく計算されている方の課題の位置に洗濯ばさみを挟む

誤り訂正

カードの裏面には正しい計算が行われた場所にマークが貼ってある。

発展活動

課題設定はクライエントの能力に応じたものとする。

- より難しい計算、より広範囲な課題設定、より細分化された課題
- 多くの可能性の中から正しい答えを選択するか、あるいは1つの課題に対して、異なる回答の可能性を考える

直接目的

計算の知識を強化する。

間接目的

微細運動の練習（洗濯バサミを挟むときの「書くための3本の指」の巧緻性を高める）

セントゲーム

教材

- 1ユーロより少額な硬貨を表記されている課題に必要な量用意する（全体で最少2ユーロ、最多4ユーロ）
- 課題カード
- 底面の広い平らな缶

活動準備

同じ色の同じ大きさの課題カードを2種類用意する。

- 最高額「100」までをアルファベットで表記したカードと同じ数の「セント」と書かれたカードを用意する
- 硬貨の合計額は課題カードの数と同じとする

提示

- 課題カードを裏返してテーブルの上から並べる。硬貨は缶の中に入れておく

- 2枚のカードを選び、そのカードを読み上げて、その1枚はアルファベットで書かれていてもう1枚はセントと書かれているかどうかを確認する。もしそうでないなら、違っている方のカードを取り直す
- 2つのカードを並べて置く
- その右側に対応する硬貨を置く
- 課題カードと硬貨がなくなるまで作業を続ける

ヒント

- たいていのクライエントは普段数え慣れているように硬貨を並べる傾向にある

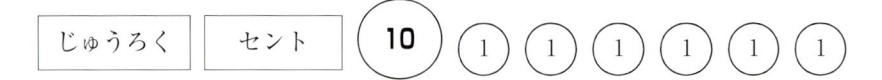

これについてはとくべつに干渉をしないように！

1セント硬貨は早くに使い果たされることになるので、干渉しなくてもクライエントは自分で取り替えることを余儀なくされる。
- この教材には、色をかえることで2つの異なる課題に使うことができる。クライエントは大きい合計額の方を選ぶか小さい方を選ぶかを選択することができる

誤り訂正

最後の課題が終わった時に全部の硬貨が使用されている。カードは1枚も残っていない。

直接目的

合計金額（数）の表し方にはいろいろなやり方がある。

間接目的

- 意味を理解して読む練習

- "セント" という文字を直ちに認識する
- 視覚弁別の訓練
- 最も簡単な加算の練習
- 財布から硬貨を取り出す準備としての微細運動の訓練
- ２種類から自由に選択することにより、自尊心と自己意識を育成する
- 「私は20までだけの計算をしたい」「私はもっと大きい額の計算ができる」

発展活動

より難しい合計金額のカードセット

硬貨の価値の比較

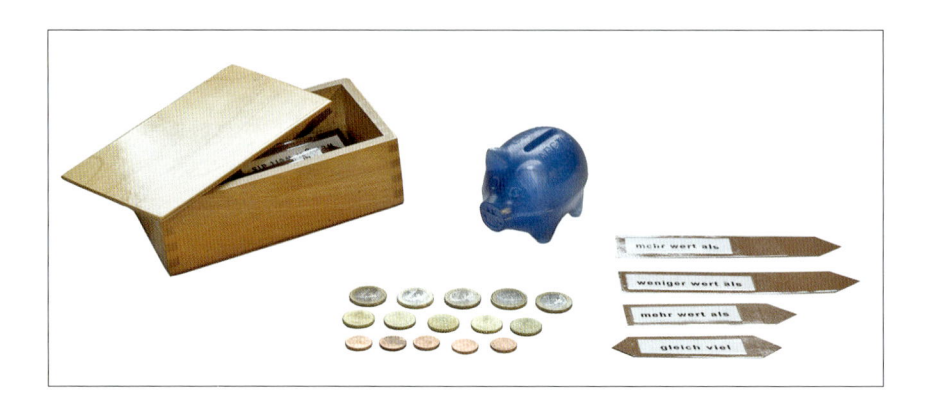

教材

- 1ユーロ、10セント、1セント硬貨をそれぞれ5枚
- 矢印
- 貯金箱
- フェルトまたは布製の下敷き
- 収納箱

活動準備

　矢印：片方の先端をとがらせた紙製の矢印を20本用意する。1本の矢印の長さは10ンチから20センチの間でいろいろ異なる。

　矢印の表の面と裏の面に次のように書かれている。　表の面は：より少ない

裏の面は：より多い

　両側の先端をとがらせた矢印を10本用意する。表の面だけに同じ価値であると書かれている。

提示

- 2枚の硬貨を収納箱から取り出してその価値を比較する
- 下敷きの上に2枚の硬貨を置き、硬貨の間に矢印を正しく置く
- たとえば、「1ユーロは10セントよりも少ないです」というような言葉を添える
- 硬貨と矢印カードが全部使われるまで続ける

誤り訂正

一緒にいる人がチェックする。

終わり方

要求された金額を貯金箱に入れる。

金額はクライエントの学力の現状に合ったものでなければならない。例としては、

- 硬貨1枚。たとえば「1ユーロを貯金箱に入れて下さい」
- 同じ硬貨を選んで「2つの10セント硬貨を入れて下さい」
- 合計した金額を入れる。たとえば、1ユーロと10セント
- 時間をずらして入れる。たとえば、「初めにユーロを入れて、次に10セントを入れて下さい」

- 身体的な要求をする。たとえば、「左手でユーロを入れて、右手で10セントを入れて下さい」
- 計算する。たとえば、「全部で2ユーロと20セントになるように入れて下さい」

直接目的

- 硬貨の実際の価値を実感しそれを言葉で話す

間接目的

- 空間的認知の練習
- 注意して聞くことと要求されたことを実行する
- 複数の要求を記憶して実行する
- 単数形と複数形の言語的な違い

発展

- すべての種類の硬貨を使用する。その際、硬貨は同じものが少なくとも2枚以上なければならない
- ノートに記入する：矢印の助けにより、文章を作成して書く。たとえば、「1ユーロは1セントよりも多いです」、「10セントは1セントより少ないです」

硬貨と紙幣の名前

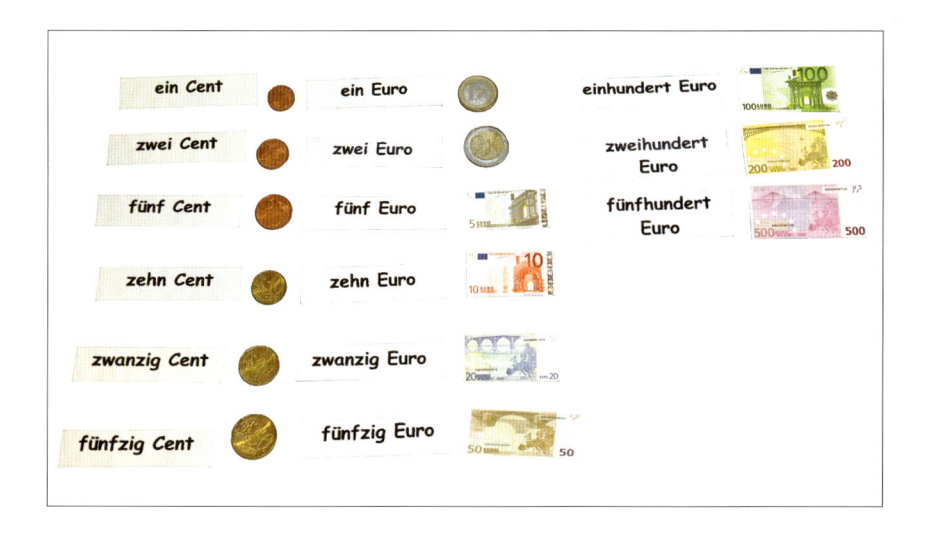

教材

- 本物の全種類の硬貨と紙幣（ただし、高額紙幣は特別な条件でのみ本物を用意する。通常はカラーコピーやおもちゃのお金で代用する）
- 文字カード
- 財布
- 文字カードの保管箱
- 保管用の小さなかばん

活動準備

文字カード：1枚のカードに1つずつの金額が文字で書かれている。

例：

ごセント	にじゅうユーロ

提示

- 硬貨と紙幣を金額の小さい順に上から下へ一列に並べる
- 順不同に重ねた文字カードの一番上のカードを読み、それに等しい金額のお金を文字カードの隣に置く

誤り訂正

訂正用カードを使用

応用

- 縦に並べられている言語カードに対応するお金を並べる
- クライエントがすでに「100」という価値を理解している場合のやり方：まずセラピスト（親）が「いちセント」のカードを置き、クライエントはその横に1セント硬貨を置く。セラピストは説明する

  「1セントの100倍は1ユーロです」

  そう言ってそのカードを1セント硬貨の横に置くと、クライエントはその横に1ユーロ硬貨を置く
- セラピストは「2セント」のカードを「いちセント」の言語カードの下に置き、クライエントは対応する硬貨を置く　それを「50ユーロ」と書かれているカードまで続ける
- 次に100倍が理解できたことを確かめる。1ユーロの硬貨の横に「ひゃくユーロ」のカードを置く
- この作業を500ユーロ紙幣まで続ける

直接目的

語彙の学習を深める。

間接目的

- 意味を理解して読む
- 10進法の理解

- 順序の構造の理解

発展活動

　この作業は絨毯の上で行う事が望ましい：硬貨の横に対応する数のビーズを置く。

　注意：多くのクライエントは1ユーロを100ユーロにするというプロセスに困難を感じる。

買い物　何がほしいか

教材

- 貯金箱に入っている小遣い
- ほしいものを書いたカード
- 財布

活動準備

- 以前から欲しいと言っていたものの絵を目録カードに描くか、またはその包装紙を貼り付ける
- その横にそのものの金額をまず数字で書き、さらにおもちゃのお金を金額分貼り付ける。

提示

- 買い物をする前に、子どもあるいはクライエントにカードを示して今日は何を買うのかを話す
- その買いものに必要な金額を言う
- クライエントは自分の貯金箱から必要な硬貨を取り出してそれを財布に入

れる

- その後できるだけ自分で買いものをする

発展活動

クライエントが買い物カードに記された価格を理解できるならば、おもちゃのお金で金額を示すことを省略してもいい。自分で考えるように励まし、すすめる。

ヒント：2枚目のカードに硬貨の正解例のないものを用意すると一番目のカードが誤り訂正用として利用できる。

この練習は実際、「私は何かが欲しい」という欲求があり、スーパーマーケットのレジの前での毎日の奮闘があるので、自覚して消費することができるようになるためのものである。この課題の前提としては、お小遣いが定期的にもらえるということである。お小遣いは週ごとにもらえるのが望ましい。お小遣いがもらえる日は決まっていて、その日は前もってカレンダーに「T」という文字で記される。お金が払われると、「T」の字は大きい丸でぬりつぶされるか、丸が貼られる。この活動の副次的効果としては、時間感覚が意識化できることである。決まった日までの日数を数えたりその日を覚えたりする。

貯蓄箱をブタの貯金箱や財布や金庫などに変えてもでももちろん構わない。しかしそれにもかかわらず、ここでの話は、お金を靴下やビンなどに入れて保管していたかつての古い時代のやり方であり、当時は銀行や信金庫に口座を開き預金を引き出すまで、そこで安全に預かってもらうということは当たり前ではなかった。

なぞなぞ

教材

- なぞなぞカード
- なぞなぞカードのすべての質問に答えることのできる量の本物の硬貨とおもちゃの紙幣
- 保管する小箱

活動準備

- 1枚の目録カードには1つのなぞなぞを書く

  例：「私はすべての硬貨の中で最も高額で、周りは銀色で中心は金色です。
  私は誰でしょう？」

  その他の例は、巻末を参照。
- 色の点を正解カードの点と照合する

提示

- なぞなぞカードはよく切って混ぜてから質問が上になるように重ねておく
- 硬貨と紙幣を一列に並べる
- 最初のなぞなぞカードを読みあげ、お金をカードの横に置く

誤り訂正

カードの裏面の色の点は、正誤表カードの点に対応する。

直接目的

硬貨と紙幣の特徴を記憶する。

間接目的

- 言語による表現力の促進
- 意味を理解して読み、重要な情報に注意を払い、重要ではない情報を認識し、無視する

発展活動

新しい、より難しい質問とすでに分かっている質問とを混ぜてたずねる。
そのために必要なお金を補充する。

ヒント

この活動はグループ活動に非常に適している。
- お金は参加している子ども全員に均等に配分される
- 参加者の1人が重ねられているカードの一番下のなぞなぞを読みあげる
- 全員が答えに対応するお金があるかどうかを比較する
- 正しい答えが言えた人が次のなぞなぞのカードを読み上げることができる
- 遊びを発展させるために、さまざまな新しいなぞなぞを考える

３つはどれも同じ

教材

- お金の絵柄の貼ってあるカード
- 合計金額がわかるカード
- カード収納箱

活動準備

第１のカード

　合計額が同じになる硬貨と紙幣の３通りの組み合わせのカードを用意する。
例えば、

- ２ユーロ50セント
- ２×１ユーロと５×10セント

- 1 × 1 ユーロと 3 × 50 セントと 1 × 10 セント

第 2 のカード

第 1 のカードと色と大きさの異なるカードに合計額「2 ユーロ50」と数字で書く。

提示

- 第 1 のカードを完全に混ぜる
- 金額の書いてある第 2 のカードは作業する場所の外側の近いところに置く

誤り訂正

金額のカードの下には必ず 3 枚のカードが置かれなければならない。
必要に応じて色の点をつけて正解がわかるようにしておく。

目的

異なる合計額が計算できる柔軟性
加法の練習

ヒント

提示される金額が大きく違っている場合には課題はそれほど難しくない。金額が似てくるとだんだん難しくなる。

ルーテンベックの計算ボード[35]

教材

- 計算板
- 9 枚×1 ユーロ、30 枚×10 セント、30枚×1 セントが入っている
- 事前に、基本的に総額 9 ユーロを超えない 3 品目を購入しておく
- 買い物リスト
- 記入用紙、ペン、定規

提示

- 買い物リストに基づいて 1 つの品物の価格を決定する

---

[35] パウル・ジーグフリード・ルーテンベックはモンテッソーリ教師、数学者、特別支援学校教師である。
私と同様に彼は、「知的障害のある人」が、人生の質を少しでも豊かにするために、自分のお金を管理することを学ぶことができないという意見には承服できなかった。
彼は硬貨の板とお金の計算枠を開発した。
彼は自分が開発したものの一部を活用して、公にする許可を私に与えてくれたことに謝意を表したい。

- 次にレジからその金額を出して計算版の一番上の段（上のへりの枠の部分）に置く
- 1ユーロ硬貨はすべて計算板の緑（1の色）の領域の上に置く
- 10セント硬貨はすべて計算板の青（1の10分の1の色）の領域の上に置く
- 1セント硬貨は計算板の赤（1の100分の1の色）の領域の上に置く
- 2つ目と3つ目の品物についても同じ方法で行う
- （筆算の場合の足し算と同様に）赤い領域のセントから計算を始める　1セント10個までは下の茶色の領域に移す
- 10より少なければそのままにしておく
- 10以上の場合（茶色の領域がいっぱいになるので）両替する。10セント硬貨1枚をレジから出して机の上の赤と青の領域の境界線の下に置く。1セント10個はレジにもどす。さらに10セント硬貨は青の領域の下の茶色の領域に移す
- すべての1セント硬貨がなくなるまで作業を続ける
- その後、10セント硬貨も同様の方法で作業し、ユーロに両替する
- すべての作業が終わると、結果は茶色の面のうえに示される

誤り訂正

買い物リスト

3品より多く買われた場合にはセラピスト（教師）は注意する。

直接目的

合計を計算する。

間接目的

- 筆記による足し算の準備
- 両替のプロセスの練習
- 足し算を秩序立てて筆算することの理解

発展活動

　順番の構造を理解して、計算板上で作業する。

　品物の名前を正しく書くこと。クライエントは、アルファベットの綴りを1つずつ確認することなく、単語の綴りを正しく覚えて書けるようにならなければならない。「正しく書けたこと」の確認は全部書き終わってからクライエントが自分で行う。

ルーテンベックの計算枠

教材

- 計算枠
- 領収書
- 鉛筆

提示

　古典的な計算枠の作業と同様に、大きい玉はユーロを表し、小さい玉はセントを表す。

- 領収書に記載されている品目の価格を求めて、表記する
- それを計算枠に置く（金額をまずセント［赤の小さい玉］から上に押し上げる）
- 2番目の品物の値段を求めて表記し、同じようにその額を計算枠に移す。写真の例では4ユーロ56セント
- 最後の赤い玉を上に動かすと赤い玉は10個になる。10個の赤い玉と1個の

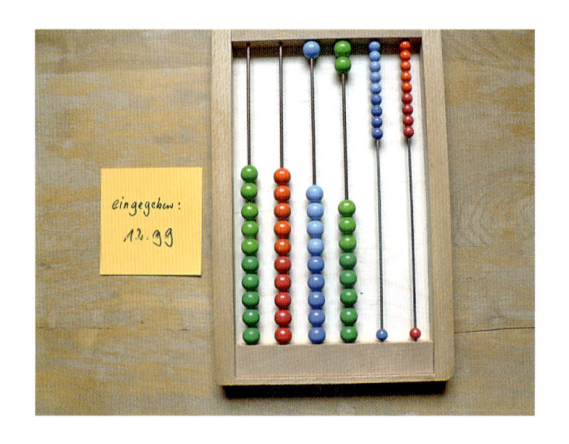

　青い玉を「交換」する。やり方は上に上げた10個の赤い玉を下に下ろし、それから青い玉を１つ上に動かす

- ６個の赤い玉のうち１個を使ったので残りは５個になっている。その５個の小さい赤い玉を上に動かす
- 10の段（小さな青い玉の）はすでにいっぱいになっているので、青い玉10個を大きな緑色の玉１個と交換する
- そうすると５個の（小さい方の青の）10の位の玉は問題なく上に上げることができる。
- 最後に４ユーロの（大きい緑の）玉を上に上げる

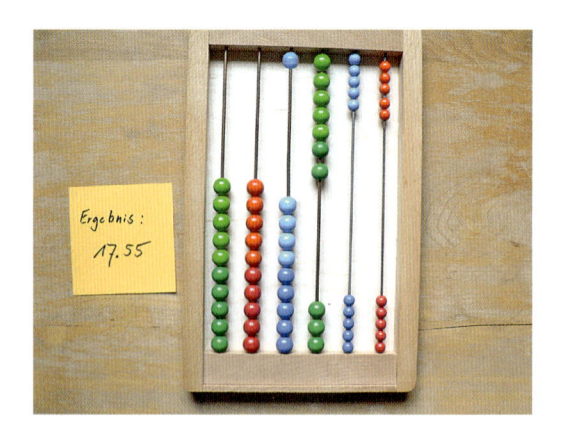

結果は　€17.55　と示される。

作業は領収書のすべての金額の入力が終わるまで続く。

誤り訂正

結果を領収書の金額と照合する。

目的

- 加法が確実にできるようになる
- 10,000までの数の操作に拡大させる
- 10進法についての想像力を確実にする

家計簿

教材

- 記入用シート
- 「特殊なペン」
- 買い物をした時の領収書
- 穴あけパンチと冊子
- 記入済みの用紙のファイル
- "貯金箱" 金庫
- ホッチキス
- 収納ボックス

収入		
年月日		
金庫の残高	.... ユーロ	.... セント
入金	.... ユーロ	.... セント
残高	.... ユーロ	.... セント

支出		
年月日		
金庫の残高	.... ユーロ	.... セント
支出	.... ユーロ	.... セント
残高	.... ユーロ	.... セント

活動準備

　足し算のためにはピンク色の紙を、引き算のためには黄緑色の紙をコピーして使用（この色はモンテッソーリの作業のシグナルカラーである）。

提示

- 金庫の金額が変わるごとに用紙を 1 枚記入する
- 支出については、領収書の合計を用紙に記入する
- その後、領収書は用紙の裏側にホッチキスで留める
- 記入後、用紙はパンチで穴をあけて閉じておく
- 金庫の残高を記入された金額と比較する

直接目的

自分自身のお金の意識的で責任をもった使用。

間接目的

- 自尊心、自己責任感、自己価値感情の構築
- 不愉快な驚きを避けることができるという安心感（私は必要とする金額だけをもって出かける）
- 読み書き計算に関して一度学習した能力の維持
- 日常を成し遂げるための構造

遊び

「ねー、一緒に遊ばない？」、これはたくさんの問いかけの中で一番素晴らしい問いかけかもしれない。そこにはワクワクする心地よい時間が約束されていて、ネガティブな緊張は存在しない。そうはいっても、遊びは単に遊びであるだけではない。

遊びの定義は[36]、意識的な目的なしに、ただ楽しむためとくつろぐためだけに喜びをもって行う活動である。認知の発達と運動能力の多くの部分は、遊びにより培われる。それは人間だけではなく多くの動物にも当てはまる。

ジャンジャック・ルソーもハインリッヒ・ペスタロッチもフリードリヒ・ウイルヘルム・フレーベルも皆、遊びの教育的価値について認めている。それに対してマリア・モンテッソーリがより多く注目したのは、遊びにおける子どもの自己形成である。彼女は子どもたちが幼いころから素晴らしい集中力と根気強さと欲求不満の耐性を備えていることに驚嘆し、それへの尊敬から「しごと」という概念を導き出した。

それゆえに、この本の前の章に述べたすべての練習は「しごと」とみなされるべきであり、それらは知識の獲得と基礎知識や能力や技能の形成に役立つものである。

1回限りの「気づきの効果」は、反復されて固定されないならば、直ちに失われてしまう。遊びの特徴は、学習が本気でまじめであるというのとは少し違っている。

僕は君と競争する
　僕は君より早い、君よりうまい、君より面白い
僕はただ自分の幸運を願うだけ
　失敗しても自分のせいではない。そうなるのも仕方がない

---

[36] ウィキペディア

さらに解放感がある。どうせ遊びなんだから、負けても悲しむことはない

モンテッソーリ流のやり方で述べるならば、

直接目的：

　「喜んで楽しむ」

間接目的：

- 能力と技能の習得
- 仲間とうまくやっていくための原則的な行動の習得
- いろいろな領域での認知の練習
- 言語能力とコミュニケーション能力の拡大
- 数学的思考の教育
- 反応力、持続力、欲求不満耐性の習得

　　　　　これでもう十分。さあ、みんなで楽しみましょう。

また来るよ

教材

- 1ユーロコイン10枚
- 財布
- バケツまたは大きいプラスティック製容器またはボール箱
- 縄またはひも

遊び方

- 周囲に何もない場所に容器を置く
- 紐は少なくとも容器から1メートル離れた位置に直線状に置くか、容器を真ん中にして囲むように置く
- 線の後ろに立つ。つま先が線からはみ出さないようにする
- 財布から、コインを1枚ずつ取り出し、容器に投げ入れる

- コインを全部投げ入れたら「コインが何枚入ったか」を数える
- 容器の外に落ちたコインを全部探し出して一列に並べる
- 10枚のコインが全部あるのを確認し、それを財布にしまう。財布を次の番の子どもに渡す

容器の中に最も多くのコインを投げ入れた人が勝ちになる。

誤り訂正

容器の外に落ちたコインを含めて10枚全部がなければならない。

言語

- 列に沿って指でなぞりながらコインを数える。「全部で○○ユーロです」
- 子どもがすでに自分の目で量を感じることができる場合は、正しい数をもう一度数えることをしないで、その能力を認めてあげる。とくにフラジールX症候群の子どもの場合そのことは重要である。なぜならばそうでないと子どもは否定されたと感じるからである

直接目的

正確に数える。その意味は、数えないが視覚的に量を把握することということも含んでいる。

間接目標

- 10までの数を確実にする
- 足し算の経験
- 運動協調の練習
- 微細運動能力の向上
- 目標めがけて投げる練習
- 空間認知の習得

他の金種のコインに拡大する。

- 1セントの場合は微細運動の巧緻性がさらに多く必要である
- 10セントコインでは二重の計算が必要になる。コインの量を数えることと、10枚になると単位が変わること
- それ以外のコインの場合も同じことが起こりうる。例として20セントでは、
  - 全部を数える：1つ、2つ、3つ、4つ、5つ、6つ、次にまた、1つ、2つ、3つ、4つ
  - バケツの中には20セントが6つあります。4つはバケツの外にあります
  - にじゅう、よんじゅう、ろくじゅう、はちじゅう、ひゃく、ひゃくにじゅう、バケツの中に120セントがあります
- やがてすべての金種を混ぜて行うと、実際にとても興味深いことが起こる。それは、とくに金額の大きいコインが1つ出ると、他のたくさんのコインを集めたよりも良い結果になるからである

継続

合計を記録するか、数のビーズで対応する数を置く。それにより1回ごとの勝者と最終的な勝者の両方を決定することができる。

同じことをより難しくしたのが、**「振り返らないで」**（193頁）という遊びである。

ヒント

この遊びの名前の由来は、その場所がとても素晴らしいので、必ずもう一度訪れたいと願うときに、泉にコインを投げ入れるという習慣から来ている。この名前はまた別れるときにしばしば「また来るよ」と言い合っている子ども同士のあいさつから取られている。

10までの数がまだ確実に数えられないような場合の手助けとして、10個を貼り付けられるように印をつけたテープを作り、コインをその上に置く。

特に年少の子どもの場合は、紐を越えてはいけない境界線として守るのが難しいので、代わりにタイヤや長い棒を用いることができる。

どっちも欲しい！

教材

- すべての金種のコインのペア（1組）
- 小さな袋
- 単色の敷物でコインが取りやすいもの

遊び方

- 子どもは袋の中からコインを取り出してゲームリーダーの敷物の上に置く
- コインを手で触って、金額を言って、再びそれを置く
- 次に袋の中に手を入れ、触覚を使い同じコインを探し出し、すでに敷物の上に置いてあるコインの横に置く

- 続いて役割を交代する
- 前に置いたのと同じものをが見つからない場合に、3回試してからそのコインをもう一度袋の中に戻す

敷物の上にコインの組み合わせを一番多く、並べた人が勝ちになる。

終わり方

- すべての金額のペアのコインを机に並べてから、もう一度金額の順に読み上げる
- 袋の中に戻してから、互いに相手に要求する。「私に2ユーロのコインを2つ下さい」等

ヒント

成功率を高めるためには最も大きなサイズのコインが最初に選ばれるように配慮する。

誤り訂正

一緒にゲームをしている大人

直接目的

触覚によりコインを認識する。

間接目的

- 言葉によるレッスンを深める
- 「どっちも」という概念を理解し、深める
- 達成できるような要求をする

変更

袋の中の硬貨の量が多すぎて、混乱するようであれば、袋を2つ使って、どちらの袋にもすべての種類のコインを1つずつ入れておく。

発展

　ユーロが使われていない国のコインを加える。

　これは外国旅行をした後などに行って、その後にはそれにまつわる会話や思い出や関心事などがいろいろ話し合われる。

お金が道に落ちている

教材

- 約30ユーロに相当する量のコイン
- ０から５までの点または数字が書かれた普通のサイコロ１個
- 無地のサイコロ
- 計算用のコインの１セット
- 小さなサイズのほうきとちりとり
- 収納袋

教材準備

　無地のサイコロの各面にコインの画像を貼り付ける。コインの種類は８種類あるのに対し、サイコロの面は６しかないので、次のように貼り付ける。

　第１面に１セントと２セント

　第２面に５セント

　第３面に20セント

　第４面に50セント

第5面に1€（1ユーロ）

第6面に2€（2ユーロ）

（この場合、10セントはないが、両替する場合には常にそれを使うことができる）

遊び方

- お金は、テーブルの上にばらばらにまかれている
- 2つのサイコロを両方の手に1つずつもって、それを同時に振る
- 数字のサイコロは数を示し、お金のサイコロは金種を示す。出た目の数の金種をほうきとチリトリで掃き集める。掃き集めたコインを整理して並べる
- 一回りごとに勝者をきめる

合計額が一番多い人が勝者になる。

- この遊びは進むにつれて、ほしい硬貨が全く無くなってしまうということがしばしばおこる。そのような時にはその子どもは仲間に両替をお願いする。1つのコインを、必要とされているコインでそれと同じ金額になるように交換する。そうすればいつでも必要な金種が必要な数だけ揃うことになる

終り方

- サイコロの目と同じ数のコインを、両替しても集められなくなるまで、遊びは続く
- めいめいがそれぞれの金種が何枚あるかを数える。それにより、1人以上の勝者が出ることもある
- 参加者の計算能力に応じて、合計額が計算される

直接目的

- コインを確実に認識する
- 両替の練習

間接目的

- 視覚的「図と地」の認知の訓練
- 数量理解の促進
- 微細運動能力の向上
- 欲求不満耐性を高める

ヒント

　微細運動機能に問題があるなら、もちろんコインを指でつまんでもいい。または磁石を使ってもいい。銅製のコインは非常に強くに引き付けられ、ユーロの場合は非常に弱い。

　この遊びは欲求不満耐性が低い子どもにとくに勧められる。なぜならば一回りごとに勝者を決めるので勝者になる可能性が多いからである。また基準をいろいろ変えてみるのも自由である。つまり、今回勝者になる人は、

サイコロで一番大きい数字を出した人

一番多くユーロのコインをもっている人

一番少ない金額を掃き集めた人

　少しだけ上達するならば、大抵の子どもたちは、拒絶することなく、みんなと一緒に遊ぶことの喜びを発見できるようになる。

誰が一番にユーロに到達するか

　この遊びは、モンテッソーリセラピー養成のための教材としてウルリケ・ハイツァーが開発したものである。著作権はモンテッソーリ協会（Montessori-Berufsverband e.V.）にある。

教材
- ２枚のゲーム板
- 12面体のサイコロで、０～９の数字（できれば緑色）が書いてあるもの１個
- １セントコイン20枚、10セントコイン20枚、１ユーロコイン１枚を入れた平たい箱

教材準備
- 30×17 cm のゲーム板　２枚
- 縦に長い紙２枚を並べて貼る。それぞれの紙には10個の2.5×2.5cm の正方形のマス目が書かれている
- 左の上方に、同じ大きさの正方形の紙を１枚貼る

- 2 列のマス目のある長い紙と 1 個の正方形の紙の上には 1 ユーロと 10 セントと 1 セントのおもちゃのコインを貼っておく
- ゲーム板をラミネートする

遊び方

- 2 人の子どもが机に並んで座る
- それぞれの子どもの前にゲーム板 1 枚ずつを置く。2 枚のゲーム板の間にコインが入っている箱を置く
- 1 人目の子どもがサイコロを振り、その数と同じ数の 1 セントコインを箱から取り出して、机の上の箱の前に並べる
- 彼はコインを 1 つずつ取り上げ、右の上から順に 1 セントのコインのマス目に置いていく
- 2 番目の子どもも同じことを行う
- 2 人が並べ終わったら、両方を比較する。「私は、○○セント取った。どっちが多いか」
- 2 人の子どもは順にサイコロを投げ、コインを並べて、毎回、両方を比較する
- 1 セントのマス目の紙が 1 セントコインでいっぱいになると、入りきれないコインをまず机の上に置き、両替を行う。子どもは 10 セントコインを 1 つ箱から取りだして、10 セントコインの列の下に置く（1 をはっきりさせるため）。次にゲーム板の上に置いてある 1 セントコイン全部を手を容器のように広げてその上に集める。すると 1 セントコインが 10 個手の中に残る。その時に「1 セントコイン 10 枚は 10 セントコイン 1 枚です」と説明し、10 個の 1 セントコインを箱は中にしまい。机の上の 10 セントコインを 10 の位の最初のマスの上に置く。最後に、並べてあった 1 セントコインの残りを、机からゲーム板へと移動させる
- 10 セントコインの 10 マスがいっぱいになると、順番の子どもは 1 ユーロコインを 1 ユーロの列の下に置き、10 セントコインを全部箱の中にしまい、1 ユーロコインを上に押し上げる

－それで勝った

直接目的

10進法の仕組みの理解が確実になる。

間接目的

- 重要なのはコインの数ではなく、その金額だということを認識する
- コインの両替の方法
- 遊びの喜び、比較をすることの楽しさ。どっちが多いか
- 「僕は追い抜けるよ」1番と2番が逆転することができる
- 筆算で行う加法の準備（1に気がつく）
- 微細運動と両手を使う作業の向上
- 社会性の向上（勝者－敗者）
- 遊びの規則の遵守
- 作業手順の遵守
- 自尊心を高める。「お金が扱える」

発展活動

- 遊ぶ子どもを3人にする。3枚のゲーム板と1セントコインと10セントコインをそれぞれ27個用意する
- 2セントと5セントのコインを数個追加する
- コインを両替して足し算する
- 2つのサイコロを使う。1つは普通のサイコロで、色は青、6までの数が書いてある。2つ目は12面体のサイコロで1の数しか書いてない

ドミノ

教材

- 白のドミノ・カード（無地のインデックスカード、A6サイズ、縦に分割されたもの）
- 銀行あるいは郵便局のおもちゃのお金
- 収納箱

教材準備

カードの左側に別のカードの右側が対になるようにコインと紙幣を貼り付ける。

最後のカードの金額と最初のカードの金額が同じであることに注意する。

遊び方

- ドミノ・カードをよく切って机の上に裏返しに置く
- 参加者は3枚ずつカードをもらう
- その後、1枚のカードを表向きにして中央に置き、他のすべてのカードを

裏向きにして積み重ねる

- 順番に子どもたちは、自分が持っているカードの1枚を取り上げ、それを比較して、合っていればそれを置く
- つなげることができない場合、積み上げられた山の一番上のカードを1枚めくって、つなげられるかどうかを比較する
- 2度目も合わなかったら、次の子どもの順番になる

誤り訂正

最後のカーが最初のカードの答えとなる。

上の例で、私の孫娘は（おそらく陸上競技選手権に刺激されたらしいが）スタートとゴールは絶対に必要だと考えていた。その場合の誤り訂正はゴールのカードが正しく置かれているということである。

直接目的

列の両端に注意を払わなければならないので、空間認知領域の集中訓練になる。

間接目的

- 計算力を確実にする
- 視覚認知の練習
- 場所と空間認識の練習
- 社会的接触と自立した活動の喜び
- すでに獲得している能力を確実にする

169

発展活動

　難易度は子どもの力に応じる。ここでは掛け算と割り算の領域が扱われる。その他の例は付録を参照。

コインのメモリー

教材

- すべてのコインを 1 組ずつ
- 同じ色紙が貼られているマッチ箱16個
- 収納ボックス

教材準備

- マッチ箱を 2 包み購入し、空き箱だけを使用し、マッチ棒は別の用途に用いる（マッチ箱の重さはどれも同じであることを確かめる）
- マッチ箱には同じ色紙か DCFix フィルムを貼りつける（フィルムを貼ると耐久性が向上する）
- 紙を貼ったマッチ箱の 1 つずつにコインを 1 個ずつ入れる。その結果、同じ列が 2 本できる

遊び方

- 古典的「メモリーゲームの規則」による

直接目的

- 特に現金感覚に関連した集中力の訓練

間接目的

- 空間把握の訓練
- 持久力と集中力の訓練
- コインの知識を深める

簡素化

最初は16個でなく 6 個のマッチ箱から始める。するとペアは 3 組ということ

になる。つまり、1ユーロと10セントと1セントのペアか、2ユーと20セントと2セントのペアなどである。

マネーのメモリー

材料

- A7判の大きさの白いインデックスカード
- 銀行や郵便局のおもちゃのお金
- 収納箱

教材準備

どのようなペア（組）で構成するかは子どもの能力に合わせなければならない。難易度の段階は以下の通り。

- 同じ写真をペアにする。表面か裏面のどちらかを使用する
- 表面と裏面をペアにする
- 印刷または手書きのものと写真をペアにする
- 数字と写真の略字をペアにする
- 異なる表現のペアを合わせる。例：70セントと0.70ユーロをペアにする。計算方式を使うならば可能性はさらに増えることになる

遊び方

古典的な「メモリーゲーム」と同じ。

直接目的

お金がどんなものかの知識を深める。

間接目的

- 記憶力の練習
- 特に空間把握の能力の訓練
- 視覚的な方向感覚の訓練
- 持久力、集中力、欲求不満耐性の訓練

ヒント

メモリーがもはや十分に難しくないという段階になったら、直ちに発展させるべきである。

新旧のカードを混ぜることで、量も難易度も共に増加させられる。

簡素化

写真または金種が言えたかどうか、裏を見ることでわかるようにするために、2色の違う色を用いると、困難度をより低くすることができる。

注記

オリジナルのゲームでは、ゲーム終了時に最も多くのペアのカードを持っている人が勝者となる。誰にも一度は勝てるチャンスが与えられるためには、「力が同じもの同士」で比較しなければならない。

子どもに金額を教えて、全員が一度は勝てるようにすると、それは成り行き次第になる。

　休日に遊びを皆で一緒に考え、実践してみると、雨が降っているような日でさえも、退屈や不機嫌を吹き飛ばしてくれる。遊びの喜びはすべての教育学的考察に勝るものである。

借金を払う

教材

- 少なくとも20面体以上サイコロ1個、または普通のサイコロ4個
- 子どもの数に応じた小さな用紙
- 鉛筆
- 子ども1人ひとりに2.50ユーロ分の小さいコインを分ける
- レジ
- 子どもたち1人ひとりに25×30cmのトレイ（そのトレイの表面には単色の滑り止め用のフィルムが貼られている）
- 「支払い済み」と刻印されたスタンプ
- スタンプ台

遊び方

- 参加者全員は合計2.50ユーロを受け取りそれを金種別にトレイに並べ、いつでも合計額が見られるようにしておく
- 参加者は全員3ユーロ以上の負債の証書をつくる
- 次に順番にサイコロを振る。多面体のサイコロがない場合には4個のサイコロを使って、その合計を足し算する
- 子どもたちはさいころに表示されている金額を、自分の左隣に座っている子どもに与える
- 最初に合計が3ユーロに達した人が勝者となる。その人はお金をレジに返し、自分の借用証書に「支払い済み」の印を押してもらう

直接目的

一定のお金の量についての知識を確実にする。

間接目的

　少額のコインに両替する練習

注記

　この遊びから会話が誘発される。借金をするとはどういうことだろうか。自分の借金が返済されたら、どれだけ楽になり、幸せになるだろうか。他に方法はないか。

変更

　この遊びは、借金の額を子どもの計算能力に合わせることにより、または（さらに）他のサイコロを使うことにより、より易しくもなるし、より難しくもなる。

キム遊び

教材

- 中身の入った財布
- 敷物としての布（ナプキン）
- 覆うための布（ナプキン）
- 鉛筆と紙

遊び方

- 財布を完全に空っぽにする
- お金を金種ごとに分けて、記入する
- 再びすべてのお金を布の上にばらばらに広げ、全員がどの紙幣とどのコインがいくつそこにあるかを記憶する
- 2枚目の布がその上にかぶせられる

- 1人の子どもが布の下に手を入れて、コイン1個か、紙幣1枚を抜き取る。その際に彼は細心の注意を払って、何1つとして動かさないようにし、また手に持ったままそのお金を机の下に隠す
- 彼の右隣に座っている子どもが布を慎重に持ち上げる。子どもたちは全員、何がなくなったか探そうとする
- 最初にわかった人がその額を言い、全員で一緒に確かめて、お金を元の場所に戻す。
- その金額を当てた人が、次のお金を隠す順番になる

終り方

すべてのお金が財布に戻っているかどうかを、リストを使って、全員で一緒に確かめる。

直接目的

注意能力の訓練

間接目的

- グループ形成に特に重点を置いた視覚的、空間認知の練習
- 責任感を強くする
- 計算能力を確実にする

簡素化

コインだけ、または紙幣だけで遊ぶのも意味あることである。

ヒント

このゲームは、レストランで料理が出てくるまでの長い待ち時間の時間つぶしに最適である。ウェイターに頼んで、机の上の敷くためと、お金の上にかけるために何枚かのナプキンを貸してもらうとよい。

ビンゴ

20 Cent	10 Cent	5 Cent	2 Cent	1 Cent
2 €	1 €	2 €	1 €	2 €
50 Cent	20 Cent	10 Cent	5 Cent	2 Cent
1 €	2 €	1 €	2 €	1 €
1 Cent	5 Cent	10 Cent	50 Cent	100 Cent

教材

- 参加者全員に1枚ずつのビンゴ用紙
- 袋に入っている各金種のコイン
- チップまたは小さいマークがたくさん入っている小さいかご

教材準備

　それぞれのビンゴ用紙にはそれぞれの金額がいろいろな場所にばらばらに書かれている。また、100セント、200セント、1/2ユーロの金額も使われているが、この金額はコインとしては発行されていないので、これらは1ユーロ、2ユーロ、50セントコインに換金する必要がある。金額はばらばらの場所に書かれているので、すべての用紙は同じではない。

遊び方

- 1人に1枚ずつビンゴ用紙を配る
- お金の入っている袋を時計回りに渡していく
- 1人の子どもが目を閉じて手を入れてコインを1個取り出し、その金額を大きい声で読み上げる
- 参加者全員が自分の用紙の中にその金額を探し、金額のマス目の上に1個のチップを置いてそれを覆う

- その後、コインはふたたび袋に戻る

最初に5つのマス目を1列に覆った人が勝者になり、彼は「ビンゴ」と叫ぶ。

その列は、全方向、すなわち、横、縦、斜め、対角線も含む。

直接目的

- 他の人と楽しく遊ぶ
- 素早い反応と社会行動を訓練する

間接目的

- コインに親しむ
- 戦略手順の訓練
- 視覚認知と記憶力の訓練

ヒント

それまでに何度も練習したことのある子どもは確かに有利である。彼らは重さや周囲の縁取りや大きさなどから、自分が手に取ったコインが何かがすぐにわかるので、遊びを自分が有利になるように仕向けることができる。

たくさん持っている人は誰？

教材

- インデックスカード約40枚
- 銀行または郵便局のおもちゃのお金

教材準備

- 白いカードまたは A 7 判の大きさのインデックスカードに、一定の合計金額になるように、おもちゃの紙幣やコインを貼り付ける。その場合に全部の用紙の合計額は異なっていなければならない

遊び方

- 参加者全員によく切ったカードを同じ枚数配る。それを自分の前に裏返して重ねておく

- 掛け声と共に全員が一斉に一番上のカードをめくる
- 全員が表に返したカードの金額を大きな声で読み上げる
- 最大の金額を持つ人は、開いたカードを全部獲得し、それらを裏向きにして自分のカードの山の下に積み上げる
- 誰か1人の子どものカードがなくなると遊びは終了する
- 一番たくさんカードをもっている人が勝者になる

直接目的

合計をすばやく見通す。

間接目的

- 計算能力の向上
- 注意深く聞いたり見たりする訓練

変更

- カードの文章を変える。たとえば、合計額を文字で表示する。しかし、遊びのルールは変えない
- さらに上級編として、両方の種類のカードを混ぜて、一緒に使う。その場合に、2人の子どもが同じ金額を言うことが起こる。その場合には、2人はもう一度カードをめくって、2枚のカードのうち、金額がより大きいカードを開けた子どもに開いているカード全部が与えられる

終了

1人の参加者のカードが全部なくなるまで遊びは続く。

勝者を決めるものは、参加する子どもたちの能力である。

- カードを一番多く持っている人を勝者とするか。あるいは、
- すべての金額を足した合計の一番大きい人にするか、または、
- 1ユーロのコインが1個だけついているカードを一番多くもっている人にするか、等々

到達点

- 書かれてある合計額と実際のお金の対応が多様であること
- 足し算の練習

ヒント

　この遊びは運任せのものである。勝者の決定は何か特別な意味をもつものではない。

シュニップとシュナップ

教材

- ゲームカード
- おもちゃのお金
- お金を入れるカバン

教材準備

- 白いゲームカード（または A 7 判のインデックスカード）の上に 4 で割れる数を銀行や郵便局のおもちゃのお金を使って貼る
- 金額の合計が同じで組み合わせが違う 4 つのカードを作る
  例：10ユーロ紙幣 1 枚、 5 ユーロ紙幣 2 枚、 2 ユーロコイン 5 個、 1 ユーロコイン10個

遊び方

- 1人がリーダーになる。彼は指令を出し、お金のカバンを管理する
- カードをよく切ってから、同じ数だけ全員に配る。全員はカードを裏返しにして、重ねておく
- リーダーが「シュニップ」と叫ぶと全員は重ねたカードの一番上を開けて、自分の前のよく見える場所に置く
- 全員は合計が同じになっている2組、あるいはそれ以上の組を探す
- 見つけた人は「シュナップ」と叫んでから、見つけた組を取って自分のカードの山の下にいれる
- めくられたカードの中にペアになるカードがなかった時には、リーダーはもう一度「シュニップ」と叫び、全員がもう一度重ねたカードの一番上のカードをめくる
- 遊びは、誰か1人がカードが1枚もなくなった時に終了する
- 他の者はもっているカードの金額を合計して、その金額をリーダーから支払ってもらう
- 敗者にチャンスを与えるために、すくなくとも2回は行うべきである

直接目的

合計がいろいろなかたちで表される。

間接目的

- 集中力と注意力の練習
- 早く、積極的に協力するように指導する

変更

「合計だけ」であれば簡単にわかってしまうようになってきたら、合計がわかりにくいようなカードを12枚追加する。

困難度は変化する能力に応じて少しずつ変えていくことが必要である。

　参加者の数が少ないときには、リーダーもゲームに入った方がいい。

　特にグループの中で「弱い子ども」が仲間に加わるときには、このリーダーの仕事はその子に適している。その場合にはお金はカバンの中よりも、銀行においておくようにした方が良いであろう。タブレットの上にすべてのお金を金種ごとにきれいに分類して並べて積んでおく。そうすれば、勝った人がそこでそれぞれ自分の金額を要求することができる。「100ユーロを2枚と50ユーロを1枚下さい」

ペーター抜きゲーム

教材

　ガードゲーム

教材準備

　子ども用に印刷されたお金。1枚1枚のカードにそれぞれの金種の表面と裏面を貼り付ける。必要ならば、ラミネートする。

　クロくまペーターをシンボライズするカードをさらに付け加える。たとえば、ヨーロッパ熊のクロくまペーターのような。

遊び方

- すべての参加者に、よく切られたカードを同じずつ分ける
- それぞれの子どもは、誰にも見られないように、カードを持つ。そして、

すべての同じ金種カードを探し、場に出す

- 左隣の人のカードを引き、そのカードが自分の持っているカードと同じかどうか比較し、同じであれば場に出す。同じではない場合、手に持っているカードの総数が増えていくことになる
- 最後まで手にペーターをもっている人が、負けになる

直接目的

同じものを素早く識別する。

間接目的

- 微細運動と両手の協応のトレーニング
- 視知覚の向上
- 認知能力（注意、記憶等）の練習
- 人間関係の形成

発展活動

- 違った金種を足し算して、ペアを作る。たとえば、
  - 20セントであれば、20セントコイン1枚と、10セントコイン2枚をペアにする
  - 35セントなら、20セントコイン1枚、10セントコイン1枚、5セントコイン1枚と、10セントコイン3枚、1セントコイン5枚をペアにする
- さらに、紙幣とコインを含んだペアにまで発展させる

ヒント

- 学習効果を高め、遊びへの動機付けを高めるためには、遊び全体を変えるのではなく、3〜4組のカードを変えるだけにすべきである
- 新しいカードを入れる際のステップ（容易から困難へ）は、子どもの能力に応じる
- 最後にペーターを持っている人が負け。しかし、実際には、多くの子ども

がこのフィギアを愛しているので、勝ったと感じる

そこで何が起こったか

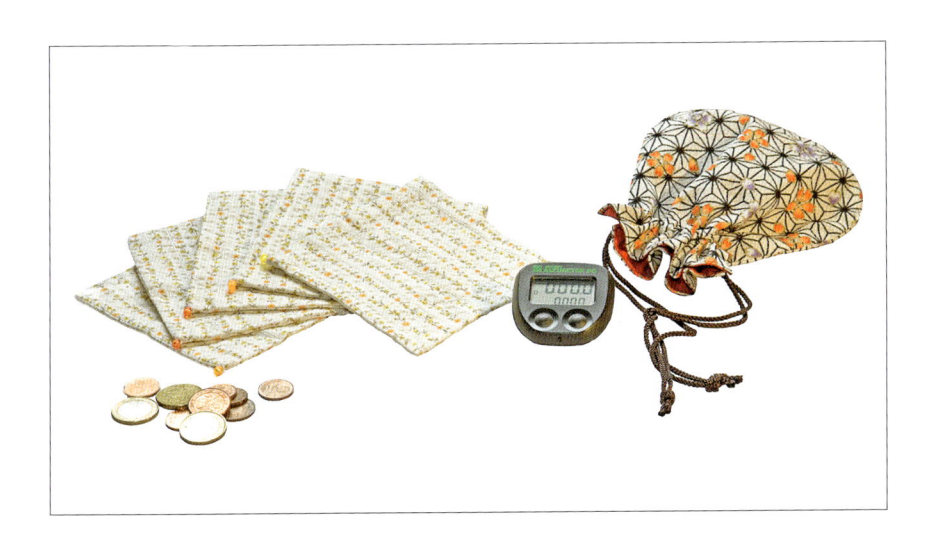

教材

- 任意に選んだ10個のコイン、あるいは紙幣、（コインのみ、紙幣のみ、あるいはコインと紙幣を混ぜ合わせる場合がある）
- 同じ大きさのマット　5枚
- キッチンタイマー、あるいはストップウォッチ
- 小袋

遊び方

- 机の上にマットを同じ間隔に並べる
- 1人の子どもが、マットの上に2枚ずつ、コイン（あるいは紙幣）を分ける。そして、キッチンタイマーを1分にセットする
- なにがどこにあるのかを、それぞれの子どもは記憶する
- キッチンタイマーが鳴ったら、すべての子どもは立ち上がり、机を背にするように後ろ向きになる

- お金を配った子どもは、マットの上の 1 枚のコインを他と入れ替える
- 全員が正面に向き直り、何が変わったのかを探し、見つける
- それを見つけた人が、次に変える

直接目的

- 注意と認知能力（記憶等）のトレーニング

間接目的

- 視覚認知、空間認知のトレーニング
- 計算能力の向上

ヒント

能力に差がある子どものグループでは、それぞれの子どもをすべてゲームに参加させるために、他のルールを導入する。サイコロを振り、一番大きい数を持っている者の順に行う。あるいは、さまざまな長さのマッチ棒を作り、長さの順に行う等。

いずれにしても、グループの中にゲームをする人とただ見ているだけの人に分かれないようにする。

振り返らないで

教材

- 靴の空き箱くらいの大きさの箱　3個
- それぞれのコインについて、写真付きの金種を書いたカード
- 遊びに使われる同じ金種のコインをそれぞれ10枚ずつ入れた容器
- 約1メートルのリボン、あるいはひも
- 筆記用具と紙

準備

- それぞれの箱の中に金種の書かれたカードを1枚入れる。たとえば、20セントと50セントと1ユーロ
- 金種の書かれたカードのリストを準備する
- 箱を床に1列に並べる
- 並んでいる箱の前、約1メートルに箱と平行に、リボンを置く

遊び方

- 容器の中にあるコインの数と金額を確かめる
- 箱に背を向けて、リボンの上にかかとをのせて、立つ。そして、頭、あるいは肩越しに、コインを正しい箱をめがけて、投げる
- すべてのコインが投げ終わったら、命中したものをリストに書く。正しく箱に入ったコインだけが有効となる

直接目的

- 空間認知と協応動作の練習

間接目的

- 1つひとつのコインの知識の強化

- 10枚までの数を数える訓練
- リストに書かれているように空間的な配置を行う訓練
- 加法、乗法のトレーニング

発展活動

- リボン（ひも）からの距離と、箱の大きとが活動の困難さのレベルを決定する。いずれについても、子どもの能力に合わせる必要がある
- どのコインをどちらの手で投げるかを指示することにより、困難さの度合いが上がる
- このゲームで勝者を決めるのは、チームのメンバーがほぼ同じ能力がある場合に限られる。さもなければ、コインの数を数えることで、笑いものにされることが起こるからである

幸せ遊び

教材

- 本物あるいはおもちゃのお金の入ったキャッシュケース
- 幸運の短冊
- 幸運の箱
- メモ用紙と筆記用具

教材製作

　幸運の短冊：それぞれの短冊におおよそ30程度の課題を書いておく。たとえば、

- キャッシュケースから2ユーロ取りなさい
- あなたの左隣の人にキャッシュケースから1ユーロ20セントをあげなさい
- あなたの右隣の人にあなたの宝物（お金）から50セントをあげなさい
- キャッシュケースにあなたの大切な宝物（お金）25セントを戻しなさい
- あなたの宝物（お金）から、1ユーロを友達にあげなさい

- あなたの友達に60セントをくれるように頼みなさい
- あなたの左隣に座っている女の子から、80セントをキャシュケースから出してもらいなさい
- あなたのお金を2倍にしなさい。そのために今もっているのと同じ金額をキャッシュケースから取ってきなさい
- 今、一番少ない人に、あなたのお金の半分をあげなさい
- あなたの向かい側の人にあなたのお金の1/4をプレゼントしなさい
- キャッシュケースを略奪する盗賊を演じなさい

課題は、そのグループ（の発達、あるいは能力）にあったものである必要がある。

肯定的な短冊：私が何かをもらうと言うことが、何よりも重要なのである。

遊び方

- 幸運の箱に、すべての幸運の短冊を入れておく
- それぞれのメンバーは、あらかじめ決められた額のお金を受け取る
- 1人の子どもは、目をつぶって、幸運の箱に手を入れ、1枚の短冊を取り、それを読む。そして、その命令を実行する。読み上げられ、実行された短冊は、箱の外に出しておく
- 1人の子どもが次の順番に短冊を引き、何かを与えなければならなくなり、持っているお金がなくなってしまったとき、ゲームは終了となる

終了

もう一度ゲームを始める前に、メンバーそれぞれが自分のお金を数え、記入する。

直接目的

意味を考えながら読む。

間接目的

- 自分と他のメンバーとの空間認知
- 個々のコイン、紙幣の価値を深く知る
- さまざまな算数課題
- フラストレーション耐性の改良

ヒント

- 半分や1/4や類似の概念が、使われる必要がある
- 子どもたちが、頭の中で計算することができないなら、それに対して、古典的な意味で使用されるモンテッソーリの金ビーズが使われる。あるいは、他の一般的な助けが与えられる

例えば

半分を教えるために、2枚の紙を使用し、お金を正しく分ける。

2倍を教えるために、手元の合計額を正確に並べ、その下に同じ額を分類して並べる。

余暇の過ごし方

コインの収集

ユーロ圏[37]	2 ユーロ	1 ユーロ	50 セント	20 セント	10 セント	5 セント	2 セント	1 セント
ベルギー								
ドイツ								
フィンランド								
フランス								
ギリシャ								
アイルランド								
イタリア								
ルクセンブルク								
マルタ								
オランダ								
オーストリア								
ポルトガル								
スロバキア								
スロベニア								
スペイン								
キプロス								

図1　コインのリスト

---

[37]　2010年

教材

- 他の国のコイン
- それぞれのコインを置くためのリスト（図1）
- コインの表と裏のイラスト

活動

- 1つのコインをよく見る
- イラストをよく見て、お金を使う国を確かめる。そして、リストの正しい場所に分類する

直接目的

集めることの喜びを通し、有意義な余暇活動

活動をもっと豊かにする方法

- イラスト表について学ぶ
- EUの国々について知識を収集する
- 文章の意味を考えながら読む
- 他の情報と関連させる。たとえば、マスコミの情報など

支援方法

　表の空間位置関係は、一部の子どもにとって、難しい。基本操作のために、モンテッソーリ算数教具の正誤板の操作を引き継ぐことが必要である。

　左手の人差し指を各国の段に置き、右手の人差し指を全種が表記された列に置く。そして、両方の手をそれぞれのマス目の中でぶつかるところまで動かす。指と指が出会うところが、必要な場所となる。

発展活動

　集める活動は、他の領域に広げることができる。

　切手（手紙、はがきなど）、国旗、ナンバープレート、国歌など

目的

　興味を引き出し、社会との接点を持つための有意義で、活動的な余暇活動

ヒント

　EU 圏のリストに正式に載っていないにもかかわらず、貨幣制度にユーロを使っている小さな国がある。サンマルコ、バチカン、モナコなど。インターネットは、広く、興味深い領域に導く。

紙幣の正確な調査

　それぞれの紙幣は、表面に欧州連合を象徴するヨーロッパの旗と12の星を表記している。窓と門は、率直さと協働を表す。裏面には、地図のそばにそれぞれ橋が描かれている。

　それは、ヨーロッパの人々の間だけではなく、ヨーロッパと世界の他の人々の間の緊密な関係を示している。窓、門、そして橋は、それぞれの建築様式と時代背景によって分類されている。

5ユーロ　　クラシック

10ユーロ　　ロマネスク

20ユーロ　　ゴシック

50ユーロ　　ルネッサンス

100ユーロ　　バロックとロココ

200ユーロ　　鉄とガラスの建築代（アールヌーボー）

500ユーロ　　20世紀の近代建築

　何がその建築様式の特徴なのか？いつその様式で建てられたのか？これらの建築様式は、どんな経済効果、あるいは発明を引き起こしたのか？今日、この様式で建てられた建造物はどこにあるのか？

　たくさんの疑問がでてくる。それは辞書を引くという気を起こさせ、博物館に導き、絵はがきを集めることを誘い、旅行に導く。そして、このことによって再び有意義で、興味深い余暇活動になる。

目的

　余暇のデザイン

　他の人や物との接点を持つ。

ユーロの地図

教材

- ヨーロッパの地図、理想的には、モンテッソーリの地図パズル[38]、あるいはそれ以外の地図、そしてトレーシングペーパー
- 厚紙、色画用紙
- 筆記用具、Klebenset[39] あるいはステック糊

活動方法

- モンテッソーリの地図パズルの場合、ヨーロッパの1つの国、後にはその他の国々も、色画用紙の上に置き、筆記用具で周囲をなぞり、切り取る
- それ以外の地図の場合、色画用紙の上にパラフィン紙、あるいはトレーシングペーパーで輪郭をなぞり、同様に切り取る
- ユーロが使われていない国々は、白い紙で作製する
- すべての部分が貼られてヨーロッパ地図ができ上がる

---

[38] ニーンホイスのカタログ2009/2010　モンテッソーリ教材　303頁
[39] 本の中でモンテッソーリは誰にでもできるやり方を述べている。

- 国名のラベルを書き、貼り付ける
- 首都の名前をラベルに書き、貼り付ける
- それぞれの言語をラベルに書き、貼り付ける

目的

- 欧州連合の広さ、大きさを知る
- 微細運動と美的感覚のトレーニング
- 忍耐力、フラストレーション耐性をつける

私のユーロはどこで使うことができるのか

　19の国家と、あとから追加されたより小さい国も含めてそれぞれの国ごとのファイルを作成する。

　ファイルの表紙には、ヨーロッパの地図パズル[40]からのその国の輪郭、または（さらに加えて）その国の国旗を描いておく。

　できるだけたくさん質問を作ってそれに答える。

　　　　EU の中でその国はどこに位置しているか

　　　　首都

　　　　首都の場所とおよその人口

　　　　その国の地理的説明

　　　　天候

　　　　経済的重要性と特色

　　　　特別な手工業

　　　　政治形態と政治家

　　　　飛び抜けた人物、アイドル

　　　　どこで何が生育しているか

　　　　郊外の狩り場で、どんな動物が生息しているのか

　　　　天然資源

　　　　観光

　　　　食習慣（調理法）

　　　　特別な衣服

　　　　新聞の切り抜き、カレンダー、絵はがき、そして切手を収集する。国歌あるいは地元の音楽を追加する。そして、可能な限り広範囲に各国の絵画を集める

　　　　子どもは、可能な限り 1 人で情報を手に入れ、自分で表に記入し、作

---

[40]　ニーホイスのカタログ2009/2010　パズル地図　ヨーロッパ　303頁

成する

多くの子どもは、図書館や展覧会を訪れ、その活動に刺激と目標を得る

直接目的

有意義で刺激的な余暇活動

間接目的

これまでに学んできた読み書きの技術を保持する。

インターネット、本、雑誌、旅行パンフレットより徹底的に調べること：

読む、選ぶ、切る、貼る、作る、書き写す、書く、集める

まとめ

　遊ぶこと、学ぶこと、遊びながら学ぶこと、さらに意識的な提供による指導さえも、それらをはぐくみ貫徹することが、希望と可能性と必然性に合致するものであれば、それらは人間の相互関係におけるごく普通の要素ということができる。それらは健康か病気か、障害がないかあるか、若いか年寄りか、普通のまたは特別の遺伝子をもつかなどに関係なく、すべての人々に当てはまる。

　マリア・モンテッソーリが与えてくれる指針は、「誰でも可能な限り自由でなければならない」「個人の自由は他者の自由がそれにより妨げられる時に終息する」（その例として、教具の取り扱い方をあげることができる。教具は誰でも使用できる、しかし、使用した後は、必ず元の場所に返却して、次の人が利用できるようにする責任がある）。何かを決定する自由は、自己意識を形成するうえでの素晴らしい可能性となりうる。しかしそこには責任が伴う。

　自己責任は自然に備わるものではない。多くの場合苦労して学ばれるものである。とくに障害のある人々にとってはそうである。これはただの確認であり、けっして非難ではない。障害のある子どもたちはそのごく少数の者しか、自己の責任で何かを決めることができない。その結果として、決定したことの結果を体験することもない。多くの場合、状況を正しく理解することが彼らには求められていない。まず必要なことは、信頼する、関心を向ける、大切にする、守る、体を動かす、遊ぶことである。しかしどれくらいの期間それらを行えばいいのか。その習慣を作るのは誰なのか。養育者か、世話人か、保護者か、何が必要かをよく知る理学療法士か、保育計画を立てる保育士か、あるいは、障害のある人自身によるか（彼らは多くの場合それをとても嬉しいと感じている）。われわれはみな習慣の中で暮らしていて、気まずい結末にならないために、あえてその背景を探らないようにしている。

　しかしながら私はあえて提唱する。ごくに当たり前の日常の状況についてその背景を聞き出してほしい、たとえば、「〇〇することは必要です」「これは本当に他の人が望んでいることですか、必要なことですか、それともあなたの習

慣ですか」など。うまくいくためには満足と調和が必要であるので、われわれは障害のある仲間に対して、彼らが自立した生活を営み、認知され、注意深さを習得する機会を提供したいと考えている。

彼らがこの世界でうまく生活していくためには、彼らの可能性を育てるだけではなく、自己意識や持久力をも育成しなければならない。

車いすを使用している人が私に語ったことが常に私の脳裏を離れない。店のカウンターは「歩行者」のために設計されていて、車いす使用者を考えていないので使いにくい。また会計するために設置されているベルトコンベアーは高さが高くて、買い物や食料品を乗せるのが困難である。そのために時間がかかる。

時には微細運動能力が思うように機能しないために、財布から正しい硬貨を取り出すことができないこともある。そういうことを想定してとくに気をつけて大きい財布を用意していたような時にもそれは起こる。後ろに並んでいる人のイライラを感じると、余計に焦って硬直して、もっと長い時間を要してしまう。

正しく理解されないことで特に残念に思うことは、何度も同じ経験をしていることであるが、自分で品物を選び、最終的には何が必要かを自分が一番よくわかっていて、自分のお金で支払っているにもかかわらず、つり銭と買った商品を簡単に介助者に渡してしまうことである。それって何も考えていないからなのか、信用されていないからなのか、ある一面だけをみて他は全部無視してしまうことが習慣になっているからなのか、とにかく残念である。

私は障害があるかないかに関係なく（それにどんな意味があるのだろうか）すべての人にお願いしたいのは、互いに忍耐と配慮をもつことである。互いにオープンに話し合い、オープンに耳を傾けることである。

インテグレーションとインクルージョンの前提となる相互関係が大きく改善されるために重要となる一歩は、お金を正しく、責任もって取り扱うことである。

さらに短く明瞭な2つの格言をもってこの章を締めくくりたい。

フランスの格言

　　「お金をもたない人は、牙をもたないライオンに等しい」

トルコの格言

　　「お金をもっていれば賢い、お金がなければ愚かだ」

あなたはそうなりたいと思いますか。

参考文献

Anderlik, L.: Ein Weg für alle! verlag modernes lernen, Dortmund, 1996.

Anderlik, L.: Montessori – der Weg geht weiter. verlag modernes lernen, Dortmund, 2012.

Aristoteles: *Metaphysik. Über das Seiende.* 4. Jahrhundert v. Chr.

Damke, L: *Geistige Behinderung bei Kindern mit genetischen Syndromen? Kritische Literaturbetrachtung und Interaktionsanalysen bei einem Mädchen mit Tetrasomie 15q12.* Medizinische Dissertation, München, 2010

Shore R: *Rethinking the Brain – New Insights into Early Development.* Families and Work Institute, New York 1997, revidiert 2003

Stengel-Rutkowski S: *Vom Defekt zur Vielfalt. Ein Beitrag der Humangenetik zu gesellschaftlichen Wandlungsprozessen.* Zeitschrift für Heilpädagogik 53, 46-55, 2002

Stengel-Rutkowski S, Anderlik L: *Abilities and needs of children with genetic syndromes.* Genetic Counseling 16, 383 – 391, 2005

Stengel-Rutkowski S: *Geistige Behinderung bei Kindern mit genetischen Syndromen?* In: „Das Denken ist frei. Plädoyer für eine Überwindung monistischer Denkweisen in den Wissenschaften vom Menschen". Hrsg: Hohlfeld R; 2010 (im Druck)

UN-Behindertenrechtskonvention: Teil II, Nr. 35, Bonn 2008. www.bundesgesetzblatt. de files.institut-fuer menschenrechte.de/.../ Behindertenrechtskonvention.pdf

von Weizsäcker R. (1993): *Es ist normal, verschieden zu sein.* Ansprache bei der Eröffnungsveranstaltung der Tagung der Bundesarbeitsgemeinschaft Hilfe für Behinderte. Bonn.

World Health Organization (WHO): *International Classification of Impairments, Disabilities and Handicaps (ICIDH),* Geneva, 1980

World Health Organization (WHO): *International Classification of Functioning, Disability and Health (ICF).* Geneva, 2001. Deutsche Fassung: Hrsg. Deutsches Institut für Medizinische Dokumentation und Information (DIMDI), WHO- Kooperationszentrum für das System Internationale Klassifikationen, 2005

Dr. Maria Montessori: Montessori-Erziehung für Schulkinder,
Julius Hoffmann Verlag, Stuttgart, 1926

Dr. Maria Montessori: Selbsttätige Erziehung im frühen Kindesalter Verlag
von Julius Hoffmann, Stuttgart, ohne Jahresangabe

Maria Montessori: Die Macht der Schwachen, Herder,
Texte von 1932 – 1945

Maria Montessori: Frieden und Erziehung, Herder, Texte von 1932 – 1939

Maria Montessori: Das kreative Kind, Herder

Maria Montessori: Kinder sind anders, Klett-Cotta

E.M. Standing: Maria Montessori Leben und Werk, Ernst Klett Verlag,
Stuttgart

Helene Helming: Montessori-Pädagogik, Herder 1958

Hildegard Holtstiege: Erzieher in der Montessori-Pädagogik, Herder 1991

Prof. Dr. Theodor Hellbrügge: Unser Montessori Modell, Kindler 1977

Theodor Hellbrügge und Mario Montessori: Die Montessori-Pädagogik und
das behinderte Kind, Kindler 1978

Mario M. Montessori: The Human Tendencies and Montessori Education oder
Grundlegende Strukturen menschlichen Verhaltens und Montessori Erziehung,
Sonderheft 2008: DAS KIND, Deutsche Montessori Gesellschaft e,V.

Joachim Bauer: Warum ich fühle, was du fühlst – Intuitive Kommunikation und
das Geheimnis der Spiegelneurone, Wilhelm Heyne Verlag München 2006

Die Montessori-Therapie-Fortbildung ist eine praxisorientierte, berufsgebleiten-
de Fortbildung. Sie baut auf den Kenntnisstand einer Montessori-Ausbildung
auf, die den Richtlinien der AMI (Assotiation Montessori Internationale) ent-
spricht.

付録

遊び：ドミノまたはメモリー
　遊びには患者の能力に応じたいろいろな可能性がある。

両方とも図柄	◯	◯
数字と図柄	10 セント	◯
文字と図柄	じゅっせんと	◯

金額が等しいが表現が異なる

両方とも図柄	◯	◯ ◯
数字と図柄	10 セント	◯ ◯
文字と図柄	じゅっせんと	◯ ◯

計算問題

図柄と文字	10−5＝	◯
なぞなぞと図柄	私は縁取りが金色です	◯

私はすべての硬貨の中で最も数字が大きいものです。周りが銀色で真ん中は金色です。

私は誰でしょう。

銀色のわし（鷲）のまわりに12の金色の星があります。

私は誰で誰でしょう。

私は1ユーロよりも大きく、色は金色です。表には数字が2種類の方法で書かれています。

私は誰でしょう

私の周囲には銀色の7つの切込みがあります。表には2種類の書き方で金額が書いてあります。

私は誰でしょう

私は金色の硬貨の中では最も小さいものです。金額の下には「ユーロ　セント」と書いてあります。

私は誰でしょう

私は銅色の硬貨の中で一番金額が大きいものです。大きさはじゅっせんとユーロの硬貨よりもずっと大きいです。

私は誰でしょう

私の表の面にはゴチック様式のバラの窓に6個の円からなる十字架の花かざりがあります。私は全体として青系の色です。

私は誰でしょう

私の表の面にはロマネスク様式のアーチが描かれています。ヨーロッパの星である金色の星が光っています。アーチの入り口の真ん中は薄暗くなっています。私は全体として赤系の色です。

私は誰でしょう

私の金額は最高額の紙幣の100分の1です。または、中央が銀色で周りが金色の硬貨の5倍です。私は灰色っぽい紙幣です。

私は誰でしょう

私の金額はすべての紙幣の中で金額が一番小さいものの10倍です。扉の入り口には2つのヨーロッパの星が光っています。

私は誰でしょう

私の直径は10セント硬貨とほぼ同じです。しかし少しだけ薄くてもちろん少しだけ軽いです。

私は誰でしょう

私は一番小さい銅製の硬貨の5倍の金額です。裏面には5枚のオークの葉をつけた1本の枝があり、5枚の葉のうち4枚は大きく、1枚はとても小さい。さらに2つのどんぐりの実も描かれています。

私は誰でしょう

私は３種類の銅製の硬貨の中の真ん中のものです。
金額は表の面の左側に書かれています。

私は誰でしょう

私はすべての硬貨の中で金額が最も少小さいものです。それでもあなたは私がとても必要になります。それは３セントを払うような場合です。

私は誰でしょう

私は金額が一番大きい紙幣です。私の表の面にはヨーロッパという言葉が、ラテン語とギリシャ語で書かれています。」

私は誰でしょう

私は紙幣で、金額は３桁の数字です。黄色系の色合いです。ヨーロッパの12の星は黄色、白、オレンジ色です。

私は誰でしょう

私は３桁の数字の中で金額が一番小さい紙幣です。バロック式の門が描かれています。私は緑系の色合いです。

私は誰でしょう

私は最高額の紙幣の10分の１の金額の紙幣です。表の面には金額が６回書かれています。

私は誰でしょう

はかりを用いる仕事の課題例

あなたは1ユーロ硬貨2枚と10セント硬貨1枚をもっています。あなたはいくらもっていますか。硬貨を全部貯金箱に入れたときにその重さはいくらですか。

あなたは2ユーロ硬貨1枚と1ユーロ硬貨1枚をもっています。全部でいくらもっていますか。全部の硬貨を手の甲に乗せて何グラムあるか予想しましょう。

あなたは50セント硬貨を5枚もっています。あなたはいくらもっていますか。あなたの財布には何グラムの重さの硬貨が入っているでしょう。

あなたは2ユーロ硬貨を1枚、1ユーロ硬貨を2枚、50セント硬貨を2枚もっています。 あなたはいくらもっていますか。全部の硬貨を合わせると何グラムになりますか。

あなたは10セント硬貨を10枚もっています。あなたはいくらもっていますか。その全体の重さは1ユーロ硬貨より重いですか、それとも軽いですか。

あなたは1セントを10枚と10セント硬貨を2枚もっています。あなたはいくらもっていますか。全部の硬貨を合わせると何グラムになりますか。

Was wiegt mein Geld?

Die Münze	wiegt	Gramm
2 €		
1 €		
50 C		
20 C		
10 C		
5 C		
2 C		
1 C		

訳者あとがき

　ミュンヘン大学学生寮そばの地下鉄（Ｕバーン）に乗った。まだ、ミュンヘンに不慣れだった私は、ようやく最寄り駅ゲーテプラッツに着いた。地下鉄の階段を上ると、6月の爽やかな日差しが降り注ぎ、リンドブルムシュトラーセ沿いに植えられたポプラの葉が風に泳いでいた。

　探し歩いたミュンヘン小児センター（Kinder Zentrum）の扉を押し、階段を上るとその一角にモンテッソーリ個別セラピー部門があった。部屋から出てきたフラウ.アンデリックは満面の笑顔で迎えてくれた。（フラウとは、英語のMrs.に当たるドイツ女性の敬称）

　フラウ.アンデリックにはじめて出会ったのは、1988年の6月頃だったと記憶している。この年、私は、Dr.ヘルブリュッゲ（ミュンヘン大学医学部教授）が創設したアクチオン・ゾンネンシャイン（Aktion Sonnenschein・日本の社会福祉法人に類似）傘下の国際モンテッソーリ教育教師養成コースに入学した。

　このコースは、定型発達、並びに障害をもっている子どもへのモンテッソーリ教育が同時に学べることで評判だった。そのため、世界中から学生が来ていた。

　フラウ.アンデリックは、アクチオン・ゾンネンシャインのもう1つの下部組織、ミュンヘン小児センターのモンテッソーリ個人セラピー部門の主任であると同時に、モンテッソーリ教育コースで教鞭も執っておられた。

　あれから30数年の月日が流れた。2018年、日本モンテッソーリ協会第51回全国大会が、福島県郡山市で開催された。テーマは、「インクルーシブ教育とモンテッソーリ教育」だった。その際、ドイツでインクルーシブ教育に長年取り組んでおられたフラウ.アンデリックを招いて、講演をしていただいた。

　フラウ.アンデリックは、Dr.ヘルブリュッゲがミュンヘン小児センターでどのようにインクルーシブ教育に取り組んできたのかを話した。彼はあるモンテッソーリ幼稚園でダウン症の子どもと出会った。その子どもが、ピッチャー

の水を5つの小さいコップに注いでいる様子を観察した。その子は、他の定型発達の子どものなかで、その仕事に注意深く集中していた。そこでは、定型発達の子どもと発達に遅れをもっている子どもが無理なく、共に学んでいたのであった。

彼は、このモンテッソーリ教育にインテグレーション（統合教育）の可能性を見いだし、アクチオン・ゾンネンシャイン傘下の幼稚園、学校に取り入れた。

しかし、ドイツ国内には、その施設に通いたくとも通えない多くの子どもがいた。定員から溢れてしまった子どもたち、郡部に住んでいるために通うことができない子どもたちだ。その子どもたちのために、Dr. ヘルブリュッゲが考えたことは、親への支援だった。その部門がフラウ. アンデリック率いるモンテッソーリ個人セラピー部門である。親子は、月に何度かセラピーを受け、親が子育てを学ぶのだ。

フラウ. アンデリックは、発達に遅れをもつ子どもたちの親の支援に自分の生涯をかけてきた人である。小児センター退職後は、自分の自宅を開放して、親たちの支援を今も行っている。

また、当時より、インテグレーションに取り組み、モンテッソーリ個別セラピー、小集団セラピー、そして、大集団の幼稚園へとステップ化し、子どもが無理なくインテグレートできる方法の確立に取り組んできた人でもある。

1990年、アクチオン・ゾンネンシャインは、リンドブルムシュトラーセの施設が手狭になったことから、ハイグルホーフシュトラーセに病院、幼稚園、学校などの複合施設を建設し、移転した。

このフラウ. アンデリックの本の中には、障害をもつ子どもと、その親たちへの支援のノウハウが詰まっている。と同時に、インテグレーションやインクルージョンについて私たちに多くのことを考えさせる。

時代は、子どもや障害児者の権利を守るという方向に向かう歩みを速めてきた。1989年に子どもの権利条約が国連で採択され、ドイツは、1992年に、日本は遅れること2年後の1994年に批准した。障害者権利条約は、2006年採択、日

本とドイツはそれぞれ、2009年、2014年に批准した。

　これにより、教育では、インクルーシブ教育が求められることになった。歴史的に見ると、インテグレーション（統合保育）があり、その後に、それをさらに深めた形のインクルーシブ教育に移行してきた。

　今までのインテグレーション（統合保育）は、定型発達集団の中に障害児を入れて、集団保育をすることだった。しかし、インクルーシブ教育は、「障害のない子ども」「障害のある子ども」という二元論的な考えから出発するものではない。ここでは、個人差のある「すべての子ども」が一元論的に前提されている。つまり、1人ひとり異なるすべての子どもの教育ニーズに応える教育である。

　つまり、心理的ケア児、貧困児、虐待児、不登園児、ギフテッドなど多様な教育ニーズに応えていくということである。

　本書の中のドリーの事例を見てみよう。ドリーは、テトラソミー12pモザイク症候群という診断名をつけられた女性である。一般的には、運動機能と知的機能の重度の遅れがあると見なされ、多くの場合、見放されてしまう。しかし、フラウ.アンデリックは、ドリーの興味・関心のあるものをすかさず探して、彼女から学習への意欲を引き出した。そして、さまざまな取り組みを通して、「どうせ何もできない」と見捨てられた彼女の「能力リスト」を作り上げるのである。最終的には、彼女は、パソコンのトーカーを使ってコミュニケーションをとるまでになったのである。

　そして、フラウ.アンデリックは、この若い女性も他の子どもとのインクルージョンの中で育つことができただろうかと？と問いかけてくる。

　このことをよく考えてみる必要がある。このような重度の子どもをインクルージョンできるのだろうか？インクルーシブ教育の最終目標はそういうことだ。もしできるとすれば、その鍵はどこにあるのだろうか？

　モンテッソーリ教育は、20世紀初頭、イタリア、ローマの子どもの家における世界最初の教育実践だった。これは、子どもを、机に座らせ、一斉に指導すると言う伝統的な画一教育に対するアンチテーゼであった。

子どもたちの個人差である興味・関心、活動のテンポ、発達の程度、学習の進度などが、まず第一に尊重された。子どもは、発達課題をもっており、それは外界への興味・関心となって発露する。この興味・関心を大切にするのがモンテッソーリ教育である。そのために、クラスの中には、子どもの興味・関心のある、つまり、発達を促すさまざまな教具、教材が置かれている。子どもは、そこから自分のやりたい活動を選択し、活動に集中するのである。一斉画一に何かを学ばせようとするのではないので、ここでは、1人ひとりの発達の程度、障がいの有無などに丁寧に配慮しながら、1人ひとりの能力等に応じた学びを保障することができる。

　そのため、モンテッソーリ最初の子どもの家には、障害児等、さまざまな子どもが存在していたが、教育ニーズへの個別的な対応によりそれぞれが豊かに育っていった。ここに、インクルーシブ教育の原点がある。Dr. ヘルブリュッゲが、先見の明で見抜いたとおり、本来の教育の姿があった。

　そのように見てくると先の問い「この若い女性も他の子どもとのインクルージョンの中で育つことができただろうかと？」「このような重度の子どもをインクルージョンできるのだろうか？」に対する答えは、モンテッソーリ教育であれば、「YES」だと言うことにならないだろうか？インクルーシブ教育という重い扉を開ける鍵の1つは、モンテッソーリ教育と言うことになる。

　ドイツにおける教育行政は、各州によって異なるが、どの州でも、幼稚園、小学校をモンテッソーリ教育で運営することを許可している。日本においては、幼稚園、保育所では、モンテッソーリ教育の導入は、その園の方針の1つとして認められている。しかし、学校は、文科省が一元管理しているので全く認めていない。

　日本とドイツでは、教育行政に大きな違いはあるが、フラウ. アンデリックの実践から、あるいはモンテッソーリ教育から学ぶことは多い。

　そして、モンテッソーリ教育は、1つの鍵ではあるが、それだけでないとフラウ. アンデリックは言う。彼女は、行政、施設、学校、教育者等に多くの要望を突きつけている。どれもこれもが頭の痛くなる問題ばかりだが、ここにあげられていることは、深く考えさせられる。

是非、学習会や読書会などで、本書をテキストに考えて見ていただきたい。

　最終的には、商店主やお客さんをも取り込み、インクルーシブな共同体としての社会が目指されている。世の中にはそれに同意しない人々もたくさんいることは前提とされている。彼女は、「インクルージョンは、懸命な努力をしても「われわれ感情」が作れないような場合には、最終的にやめる決断をすることがある」という。しかし、「それでもなお」と彼女は進み続けるだろう。

　「ほとんどの教師たちは、子どもの特別性を尊重するということについて、制度的な可能性がまだ十分に与えられていないにもかかわらず、なお今日も努力を続けている。」

　「弱いものを幸せにできない社会は、強いものも幸せにできない」のである。

＊　＊　＊　＊

　本書のもう1つのユニークさは、人間の社会、経済、文化を形成しているとても重要なものの1つ「お金」の教育が展開されている点である。

　インクルージョンを考える場合、障害をもっている人々が、普通に買い物ができることは当たり前のことである。しかし、障害児者については、お金の使い方について誰も教えていない。「障害者にとって、お金は危険だとさえ考える人が多い」とフラウ.アンデリックは言うのである。

　この状況は、日本の障害児者の場合においても、全く同じである。また、もう一方の定型発達の子どもたちに対してさえ、「お金」についての教育は、ほとんど行われていない。今は、紙幣や硬貨というレベルではなく、クレジットカード、デビットカード、スマホ決済など便利なものが多数ある。反面、危険な状況も増えているのが現状である。

　しかし、学校では、金融・金銭教育はほとんど行われていない。学校の教師へのアンケートでは、金融・金銭教育が必要であるとの回答者が5割以上になることが知られている。しかし、現行の教育カリキュラムには、他に学ぶことが多く、それを入れる余地がないという。

　これを普及するために、金融広報委員会は、毎年各都道府県に2－3校の研究指定校を設けている。

　そのような状況でも、定型発達の子どもたちは、どうにか自分で学んで社会

生活を送っていく。しかし、それにも限界がある。教育されていない子どもたちは、お金の管理ができず生活が破綻したり、詐欺に遭ったりさまざまなトラブルを抱えるケースが多いようである。

その一方、障害をもっている人たちは、フラウ.アンデリックの言うとおり、「今日、両親や養育者たちがあきらめてしまっているのをわれわれは体験している。私の息子や娘や私が養育している子どもは金銭の支払いに関心がない、計算ができない、金額にもお金にも関わることがない。それを学ぶこともない」
のである。

つまり、お金と関わること自体から遠ざけられているのである。フラウ.アンデリックが言うように、そうであってはならない。インクルーシブな社会にあっては、障害者も自分で商品を選択し、お金を払い、自立した生活ができるようにならなくてはならない。

また、日本では、障害をもった人たちが、消費者トラブルを抱えることが多くなっている。国民生活センターで1997年〜2003年までに受けた相談件数、内容は、金融、金銭教育の必要性を如実に物語っている。多くのケースが、養護学校を卒業し、親元を離れ、生活を始める18歳以降にトラブルに巻き込まれている。電話、あるいは路上で、女性は、化粧品、エステ、男性はツーショットダイヤルなどのトラブルに巻き込まれている。20歳代では、男女合わせて2,600件が被害に遭い、第1位は、アクセサリーを高額で売りつけられている。ローン、サラ金被害もかなりの数に上る。

2002年には、金融庁が長官名で、「学校における金銭教育のいっそうの推進について」と題する意見書を文科省に提出するまでになっている。金融や金銭についての確かな知識をもち、このようなトラブルから未然に自分を守ることも必要になっている。

そのためには、金融・金銭教育はとても重要である。

これを、モンテッソーリ教育という観点から見ると、子どもはある発達段階になると「お金」に興味を示し、それを知りたがる。そうであれば、子どもにわかりやすく伝えることが必要である。あるいは、「お金」に興味をもっても

らうために、「お金」に関する楽しい活動や遊びを紹介していくことになる。

　フラウ.アンデリックは、この金銭教育を行うために、モンテッソーリ教育の原則に従い、そして障害特性を考慮して、さまざまな活動を考案している。とても楽しそうな活動がたくさん準備されている。

　最初の活動（遊びの前まで）は、モンテッソーリ教育の日常生活の練習の用具や感覚教育、算数教育、言語教育の教具を金銭教育のために発展させた活動になっている。

　ぜひ、お子さんに使ってみていただきたい。子どもたちにとって、楽しみながら「お金」について学ぶことができると同時に、それぞれの発達段階にある子どもの一般的な発達課題、たとえば、目と手の協応動作、微細運動、人との関係などが間接目的として含まれている。

　また、教具のアレンジの仕方がとてもユニークであり、子どもの発達をよく理解して考えられている。教具は、モンテッソーリ教育の原則、教具の本質をきちっと押さえれば、使い方、提示の仕方には無限の可能性がある。そうでなければ、個人差のある子どもたちに合わせて使用することはできない。

　また、当然のことながら、教具の提示には、発達段階を考慮して、簡単なものから難しいものへのステップがある。これは、障害児だけの問題でなく、定型発達の子どもたちにとっても大切なことである。なぜなら、これからはインクルーシブ教育を目指していくのだから、定型発達の子どもたちも1人ひとりみんな異なる、つまり、個人差のある子どもたち1人ひとりに合った対応を考えていかなければならないからである。

　次に、フラウ.アンデリックは、たくさんの遊びを考えている。教具を発展させた活動の更なる発展である。これらの活動を考案したとき、フラウ.アンデリックは、障害特性についてもよく考慮している。

　たとえば、彼女は、障害をもっている子どもたちの障害特性の1つに、いつも慣れ親しんだ活動に固執する傾向があると述べている。原因は、同一性保持、つまり、こだわり行動であるかもしれない。

　モンテッソーリの言うような「選択させ、子どもが満足するまで十分に繰り返しの活動をさせることが大切である」という原則が、発達の遅れのある子ど

もには必ずしも通用しない場合がある。つまり、1つの遊びに固執して、活動や遊びを自分で発展させることができないのである。それを打開するためには、たくさんの楽しい遊びのバリエーションを準備することが必要である。そして、子どもがそれを選択し、取り組み、遊びが広がる支援をすることが大切なのである。

そのために、たくさんの遊びが考案されている。どの遊びも、お金を使った魅力的なものばかりである。この教具の発展活動、あるいは遊びの活動を通して、多くの子どもがお金についての知識を得て、自分の好きな洋服、お菓子、パンなどを選んで、買うことができたら、どんなに素晴らしいだろう。そのことが、人生に対するポジティブで、意欲的な生きる力につながっていくのだと思う。

最後に、この本が、日本版のお金教材の開発や更なる発展活動の考案につながっていくことを強く望むと同時に、日本の幼稚園、保育園、発達支援センター、学校などで、インクルージョンについての議論が活発になり、1人ひとりを大切にする社会の到来を願ってやまない。

この本の出版に当たって、親切丁寧なアドバイスを下さったロギカ書房の橋詰守氏に心より御礼申し上げる。

こじか「子どもの家」

佐々木信一郎

（著者プロフィール）

ローレ・アンデリック（Lore Anderlik）

1970/71 アクチオン・ゾンネンシャイン主催のモンテッソーリ・治療教育コース終了　AMI ディプロマ取得
1971〜　ミュンヘン小児センターにおいてヘルブリュッゲ教授の指導の下にモンテッソーリ・セラピー部を設立
1982〜1993　モンテッソーリ・セラピー部長
1986〜　プッフハイムの自宅でモンテッソーリ・セラピー開業
1991〜2008　モンテッソーリ・セラピー養成所主宰
（主たる活動領域）
自宅の施設における両親と職員と共同の実践活動
国内外における講演活動
遺伝的な問題を抱える子どもたちの能力とニーズに関する研究

（訳者プロフール）

春見 静子（はるみ しずこ）

上智大学文学部名誉教授（2004年）
愛知淑徳大学医療福祉学部名誉教授（2013年）
現在　社会福祉法人　からしだね理事長（東京都足立区）
共著：うめだ・あけほの学園編『発達障害児－その治療と教育－』明治図書　1985
　　　うめだ・あけほの治療教育職員養成所編『障害乳幼児の治療教育入門』明治図書　1984
共訳：オット・・シュペック著『精神遅滞と教育』教育出版　1984
　　　ヘルブリュッゲ著『モンテッソーリ治療教育法』明治図書　1979

佐々木 信一郎（ささき しんいちろう）

福島大学大学院教育学修士。ミュンヘン小児センター（ドイツ連邦共和国）にて AMI ディプロマを取得。発達支援センターうめだ・あけほの学園、日本センテッソーリ教育綜合研究所主任研究員兼附属「子どもの家」副園長、こじか保育園副園長を経て、現在、社会福祉法人聖母愛真会こじか「子どもの家」発達支援センター園長。福島大学非常勤講師。日本モンテッソーリ協会（学会）理事。
著書に『子どもの潜在能力を101％引き出すモンテッソーリ教育』講談社、共著書に『発達支援学：その理論と実践　育ちが気になる子の子育て支援体系』協同医書出版社等がある。

勝間田 万喜（かつまた まき）

上智大学文学部社会福祉学科卒業。総合福祉センター弘済学園にて児童期から成人期の発達支援に就く。ミュンヘン小児センター（ドイツ連邦共和国）にて AMI ディプロマ、京都モンテッソーリ教師養成コースにて JAM ディプロマ取得。附属の深草こどもの家勤務。社会福祉法人からしだね うめだ「子供の家」、うめだ・あけぼの学園 こども発達支援センターにてモンテッソーリ教育、インテグレーション、児童発達支援を実践の後、公益財団法人基督教イースト・エイジャ・ミッション 富坂子どもの家 児童発達支援事業所施設長に就任。

モンテッソーリ
インクルージョンへの道
実践のための実践による考察

発行日　2019年9月25日
著　者　Lore Anderlik　ローレ・アンデリック
訳　者　春見　静子
　　　　佐々木　信一郎
　　　　勝間田　万喜
発行者　橋詰　守
発行所　株式会社　ロギカ書房
　　　　〒101-0052
　　　　東京都千代田区神田小川町2丁目8番地
　　　　進盛ビル303号
　　　　Tel 03（5244）5143
　　　　Fax 03（5244）5144
　　　　http://logicashobo.co.jp/

印刷・製本　藤原印刷株式会社